ESSAI

SUR

LE BONHEUR.

Par l'abbé de Gourcy
d'après Barbier

ESSAI

SUR

LE BONHEUR,

Où l'on recherche si l'on peut aspirer à un vrai BONHEUR sur la terre, jusqu'à quel point il dépend de nous, & quel est le chemin qui y conduit.

PAR M. l'Abbé de G. Vicaire Général de Bordeaux, de la Société Royale des Sciences & Belles - Lettres de Nancy.

On ne le tire point des veines du Potose.
BOIL. Ep. 5.

A VIENNE,

Et se trouve

A PARIS, chez MERIGOT le jeune, Libraire, *quai des Augustins, au coin de la rue Pavée.*

M. DCC. LXXVII.

ESSAI

sur

LE MAGNÉTISME

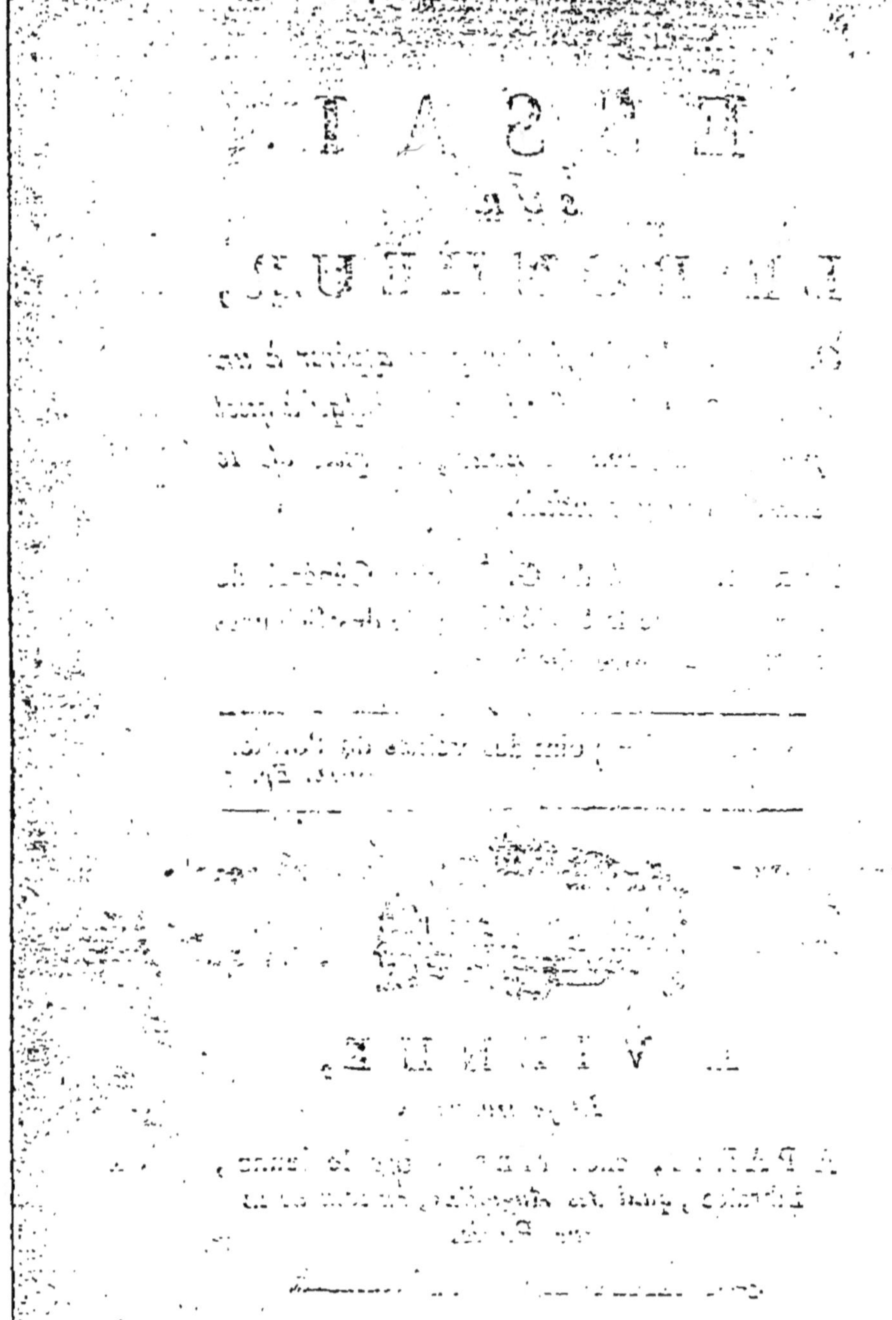

A VIENNE

A PARIS, chez la Veuve DESAINT,
Libraire, rue du Foin-Saint-Jacques, à la
Sagesse.

M DCC LXXXII

A LA REINE.

MADAME,

A qui pourroit mieux con-
venir l'hommage d'un traité
sur le Bonheur qu'à VOTRE
MAJESTÉ, destinée par le

a iij

Ciel, & formée par une Mère, l'admiration de son siècle & les délices de son Empire, pour faire le Bonheur du Roi & de la Nation.

Je suis avec le plus profond respect,

MADAME,

De VOTRE MAJESTÉ,

Le très-humble & très-obéissant
serviteur & sujet,

GOURCY.

PRÉFACE.

IL y a long-temps que j'avois dans la tête, & encore plus dans le cœur, fi je puis le dire, le deffein de l'ouvrage que je préfente aujourd'hui au Public.

Il n'eft perfonne qui peut-être même fans s'en appercevoir, n'ait quelquefois réfléchi fur le fujet que je traite, c'eft-à-dire fur le fujet qui intéreffe le plus vivement tous les hommes, & qui ne peut ceffer dans aucun inftant de les intéreffer, Dans mes momens de loifir, j'ai confié au papier les idées & la

peinture naïve des fentimens,
qu'avoient fouvent fait naître les
circonftances où je me fuis trouvé,
& où j'ai envifagé mes femblables.

Je ne penfois qu'à m'inftruire
moi-même, ou à me confoler :
mais ce qui n'étoit deftiné qu'à
mon ufage, on a cru qu'il pouvoit
être de quelque utilité pour d'autres
perfonnes. Dans cette confiance,
dont peut-être m'ont flatté trop
légèrement des juges prévenus en
faveur de l'Auteur, j'ai laiffé fortir
cet Effai de mes mains. Je l'ai revu
auparavant avec tout le foin &
toute l'application qu'exige le refpect dû au Public. J'ai fait plus, j'ai

entrepris & soutenu jusqu'au bout
la lecture d'une multitude de traités
sur le Bonheur, par zèle pour mes
lecteurs, dans la crainte qu'il ne
s'y trouvât quelque vûe, quelque
maxime utile qui m'auroit échappé.
Mais j'ai éprouvé qu'à l'exception
d'un très-petit nombre, le reste,
aussi dépourvu de choses que d'a-
grémens, étoit si éloigné de pouvoir fournir des ressources pour le
Bonheur, qu'il falloit même rayer
des momens de Bonheur les momens perdus à les parcourir.

J'excepte *un très-petit nombre.* A
la tête des Modernes, viennent se
placer naturellement *les pensées de*

M. de Fontenelle sur le Bonheur. Ce n'eſt à la vérité qu'une eſquiſſe ; mais l'Auteur qui a cueilli, pour ainſi dire, la fleur de ſon ſujet, l'a préſenté avec la fineſſe & l'agrément qui lui ſont propres.

La Théorie des Sentimens agréables eſt un ouvrage beaucoup plus développé, qui fait également honneur aux ſentimens vertueux & à la délicateſſe d'eſprit de M. de Pouilly. La critique lui a reproché de porter quelquefois à l'excès cette dernière qualité, & de donner un peu dans le précieux.

Dans ſon *Eſſai ſur la Philoſophie morale*, M. de Maupertuis a calculé tous les momens & tous les degrés de Bonheur avec la précifion rigoureuse & la fécherefle du Géomètre : l'efprit eft toujours convaincu & auffi fatisfait qu'il peut l'être dans une matière toute du reffort du fentiment, quand le cœur n'eft jamais intéreffé.

On fçait que les anciens Philofophes nous offrent fur ce fujet de grandes & importantes vérités, mêlées de beaucoup d'erreurs & & de bizarreries. Je ne parlerai que d'Epictète, à qui je dois, par équité & par reconnoiffance, un mot d'apologie ou d'éclairciffement.

PRÉFACE.

Rousseau, après une critique très-vive de ce Philosophe, conclud ainsi :

Liv. 2. des
Odes. Od. 2.

> Mon Apollon révolté
> Lui devoit ce témoignage,
> Pour l'ennui que m'a coûté
> Son insupportable Ouvrage.

On peut dire, sans exagérer, que la morale d'Epictète en général est très-relevée & très-épurée, & que le Paganisme n'a rien produit de plus parfait. Le fond de l'Ouvrage est digne par conséquent de tous nos éloges, & Rousseau lui-même étoit trop judicieux pour n'en pas convenir. Quant à la forme, je ne m'étonne point qu'elle

ait rebuté la riche & brillante imagination du Prince de nos Poëtes
lyriques. Car il faut avouer que
la morale d'Epictète a toute l'aridité & la tristesse du Portique. Que
l'on compare les Odes morales &
sacrées de Rousseau avec le Manuel d'Epictète ou avec le Com-
mentaire de Simplicius, on trouvera le plus frappant contraste :
d'un côté les plus grandes idées,
les plus sublimes leçons, il est vrai,
de la Religion ou de la Philosophie, mais cachées sous les fleurs
les plus riantes de la Poésie, embellies par les charmes de son harmonie, étincelantes de tous ses

feux ; de l'autre, une longue & fatiguante lifte de maximes & de fentences , dont jamais aucune faillie , aucun ornement ne rachete la monotonie , la froideur & le pédantifme.

Le defir d'être utile m'a fait dévorer plufieurs ouvrages auffi peu attrayans & beaucoup moins folides. Je me croirois bien dédommagé , & j'aurois travaillé avec fuccès pour mon propre Bonheur , fi j'étois affuré que ce foible Effai contribuât au Bonheur d'un feul homme. *Homo fum, humani nihil à me alienum puto.*

Térence.

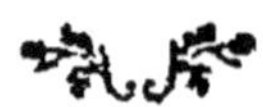

TABLE
DES SECTIONS.

SECTION Iere. *Peut-on espérer un vrai BONHEUR sur la Terre?* Page 1

SECTION II. *Les obstacles que nous-mêmes nous mettons à notre BONHEUR par nos erreurs & par notre conduite.* 17

SECTION III. *En quoi consiste l'essence du BONHEUR.* 56

SECTION IV. *Comment les plaisirs des sens peuvent contribuer au BONHEUR, & y nuire.* 65

SECTION V. *Comment peuvent contribuer au BONHEUR les plaisirs de l'esprit & des Lettres.* 83

SECTION VI. *Comment contribuent au BONHEUR les plaisirs de l'ame: 1°. Ceux qui naissent de la vertu & de la*

bienfaisance : 2°. les plaisirs de l'amitié.
130

SECTION VII. *Coup d'œil sur tous les âges & sur les diverses conditions, conformément aux principes détaillés jusqu'ici.*
209

SECTION VIII & dernière. *Les ressources de la Religion, qui s'étend à tout, supplée à la foiblesse & à l'inconstance des moyens humains, corrige ce qu'ils ont de défectueux, console de tous les maux, tient lieu de tout où tout manque.*
228

Fin de la Table.

ESSAI

ESSAI

SUR

LE BONHEUR.

SECTION Iere.

Peut-on espérer un vrai BONHEUR sur la terre ?

NUTILEMENT ferions-nous part à nos semblables de ce que la réflexion & l'expérience nous ont appris sur le plus intéressant de tous les arts, celui auquel tous les autres doivent se rapporter, & se rapportent nécessairement, *l'art d'être heureux :* inutilement aurions-nous consacré toute la force de notre ame à lever le voile dont la Nature a pris plaisir à

A

couvrir ce terme unique où tendent tous
les hommes, & où sans cesse elle les
appelle, à démêler parmi tant de fausses
& trompeuses routes la seule qui y con-
duise : inutilement avons - nous essayé
d'arracher les épines, de marquer les
écueils dont elle est semée ; s'il n'est point
pour l'homme de vrai Bonheur à espérer
sur la terre ; si l'art d'être heureux n'est
qu'une illusion, fruit de l'imagination
égarée par un fol orgueil ; si le Bonheur
n'est qu'un nom vuide de sens, une vaine
ombre, dont le corps ne se trouve nulle
part, & qui ajoute encore au malheur
trop réel des humains ; lorsqu'embrassant
le fantôme qu'ils poursuivoient depuis
si long-temps, il s'évanouit entre leurs
mains, & ne leur laisse que le désespoir
& la honte d'avoir été trompés cruelle-
ment. Et ce que nous apprenons de ceux
qui nous ont devancés, depuis la naissance
du genre humain, ce que nous entendons
tous les jours, les spectacles qui s'offrent

sans cesse à nos yeux, le sentiment des
plus célèbres Philosophes, tout concourt
à nous inspirer cette idée accablante. La
misère, la douleur, les alarmes, la dis-
corde & la guerre, monstres insatiables
de pleurs & de sang, les fléaux sans
nombre du corps, les maladies de l'ame,
plus multipliées & plus incurables, semblent s'être partagé l'empire de la terre.
On ne voit que des gens qui soupirent
après le bonheur, qui le cherchent aux
dépens même de leur repos, de leur
goût, & quelquefois de leurs jours. En
est-il un seul qui l'ait trouvé ?

Les sources même du bonheur sont
infectées. La sensibilité, dont la mesure
sembleroit devoir être celle du bonheur,
devient presque toujours le principe de
nos plus cuisantes afflictions. Les plaisirs
s'émoussent par l'habitude, s'usent par
leur durée, épuisent par leur vivacité ;
tandis que la douleur la plus médiocre
s'accroît par la continuité, au point de

devenir auffi infuportable que les maux les plus aigus. Il n'eft aucun genre de plaifirs inacceffible à la douleur ; & il n'eft point de douleur qui, par fa violence ou par fa durée, n'empoifonne tous les plaifirs , & ne mette en fuite jufqu'au fimulacre du bonheur.

Les plaifirs (& ce font ceux mêmes où nous ferions tentés d'attacher le bonheur) paffent avec la rapidité de l'éclair, & font acheter trop cher un long repentir ; ou font fuivis de cette maladie terrible, dont la mort feule peut guérir, la fatiété.

Le plaifir & la joie ne peuvent venir à nous que par un petit nombre de canaux, la plupart altérés ou fermés. Le corps eft fans ceffe en butte à tous les accidens, à toutes les infirmités ; & l'ame de toutes parts eft ouverte à la douleur. Ce qu'il devroit y avoir de plus folide, les attachemens de cœur s'éteignent dans l'abfence, ou la rendent infuportable, & ne font prefque jamais à l'épreuve de ces revers accablans , qu'ils pourroient feuls adoucir. La vertu, oui là vertu même, à force de lutter contre le torrent de l'adverſité , ou fatiguée des attaques encore plus dangereuſes , que lui livre ſans ceſſe une longue & ſéduiſante proſpérité , trop ſouvent ſe relâche , s'affoiblit, s'évanouit enfin , & avec elle l'eſpérance de la félicité.

Détournons les yeux du ſpectacle trop affligeant de la vie humaine. Allons conſulter ces hommes ſi vantés , que nous devons préſumer avoir acquis des connoiſſances ſûres , & propres à nous décider ſur la matiere la plus intéreſſante qu'ait jamais pu ſe propoſer la Philoſophie. Il n'en eſt point que les anciens Philoſophes aient traitée avec plus de ſoin & plus d'étendue.

Que nous apprennent-ils donc? Rien ſur la nature même du bonheur, ou du ſouverain bien de l'homme , puiſque tous, oppoſés les uns aux autres, ne peuvent donner de fondement folide à aucun fyftême : ils ne réuffiffent qu'à fonder ou à détruire ceux qu'ont élevés leurs adverfaires. Par conféquent ils ne font que redoubler nos alarmes & nos incertitudes fur l'exiftence même de ce Bonheur. Varron avoit compté deux cens foixante-feize fyftêmes fur le Bonheur de l'homme ; & parmi les plus célèbres que le temps a laiffé paffer jufqu'à nous, il n'en eft pas un feul que le moins aguerri de nos dialecticiens ne fe faffe un jeu de renverfer.

Les anciens Philofophes fe furpaffent, quand ils ont à déplorer les mifères de la vie humaine, la vanité & le vuide de la plupart des biens qu'on s'y difpute avec acharnement : & lors même qu'oubliant l'effrayant tableau qu'ils nous ont tracé plus d'une fois, ils femblent vouloir nous perfuader que le Bonheur le plus complet & le plus indépendant des évènemens eft entre nos mains, que le

Sage eſt cet homme toujours ſerein, toujours le même, toujours inébranlable,
l'homme heureux en un mot; par l'idée
même qu'ils nous donnent de ce Bonheur
& du Sage qui le poſſede, ils achevent
de nous déſeſpérer.

Celui, dit Cicéron, qui eſt toujours
renfermé dans les limites de la modération, toujours égal, tranquille, en paix
avec lui-même, de maniere qu'il ſoit
inacceſſible aux atteintes des paſſions &
aux coups du ſort, que la triſteſſe & la
crainte ne puiſſent l'abattre, le deſir l'enflammer, la joie ou l'eſpérance l'enfler;
celui qui fait, pour ainſi dire, autour de
lui une garde ſi exacte, que dans toutes
les révolutions de la fortune il ne puiſſe
rien lui arriver d'imprévu, rien d'ino-
piné, rien qui lui paroiſſe nouveau; le
voilà cet homme ſage, cet homme heureux que nous cherchons.

Nous appellons heureux, dit Sénèque,
celui qui ne reconnoît d'autre bien que

Tuſcul. queſt.
l. 4, n. 15.

De beata
vita, c. 3 &
4.

A iv

la vertu, d'autre mal que le vice ; qui fait fa volupté du mépris des voluptés ; qui, partifan fidèle de la vertu & fatisfait de fa poffeffion, ne peut être ni enorgueilli par les fuccès, ni terraffé par les revers ; qui éprouve une joie toujours égale, une tranquillité inaltérable, une liberté parfaite.

Manuel.

Selon Epictète, notre véritable bien confifte dans les chofes qui dépendent de nous, c'eft-à-dire, dans nos actions, non dans les chofes extérieures qui n'en dépendent point ; de forte que le Sage obtient toujours tout ce qu'il defire. Il a un fecret infaillible pour vivre heureux, c'eft d'avoir de l'indifférence pour tout ce qui eft indifférent, c'eft-à-dire, pour tout généralement, hors le vice &

Réflex. de
Marc-Aurel.

la vertu. C'eft l'opinion que nous avons des chofes, ce font les paffions qu'elles allument en nous qui nous font du mal, & non pas les chofes mêmes. Le Sage ne demande point que les chofes arrivent comme il les defire, mais il defire qu'elles arrivent comme elles arrivent. Par ce moyen il eft toujours content, toujours libre & heureux.

Une lumière bien fupérieure aux foibles étincelles qui guidoient les plus grands hommes du Paganifme, nous a éclairés fur le défaut effentiel & inévitable de tous ces fyftêmes. Nous fçavons enfin en quoi confifte le fouverain bien de l'homme, & nous fommes du moins défabufés de la folle efpérance de l'atteindre ici-bas. L'Auteur de la Nature, qui, dans la formation de cet Univers, n'a pu fe propofer d'autre fin que lui-même, en créant un être capable de le connoître & de s'attacher à lui, imprima dans fon ame une avidité de fçavoir & de jouir, qui ne pût être raffafiée que par lui : il a dû fe réferver à lui-même de faire la récompenfe du plus excellent de fes ouvrages mortels. Ce n'eft donc pas à préfent qu'il nous eft permis d'af-

pirer à la poſſeſſion du ſouverain bien
ou du Bonheur complet. Mais nous eſt-il
interdit pour cela de prétendre au genre
de Bonheur que la Terre comporte, &
ne trouve-t-on pas un Bonheur commencé & paſſager ſur le chemin même qui
conduit au Bonheur ?

Voici ce qu’en penſe un de nos plus
grands Poëtes.

M. de Volt.
Mélange de
Poéſie & de
Littérature.

Je ne me vante point d’avoir en cet aſyle
    Rencontré le parfait Bonheur ;
Il n’eſt point retiré dans le fond d’un bocage ;
    Il eſt encor moins chez les Rois,
    Il n’eſt pas même chez le Sage :
De cette courte vie il n’eſt point le partage ;
Il y faut renoncer : mais on peut quelquefois
    Embraſſer au moins ſon image.

Emile de
M. R.

» Il faut être heureux, c’eſt la fin de
» tout être ſenſible, dit le plus fameux
» de nos Philoſophes : c’eſt le premier
» deſir que nous imprima la Nature, &
» le ſeul qui ne nous quitte jamais.
» Mais où eſt ce Bonheur ? qui le ſçait ?
» Chacun le cherche & nul ne le trouve :

» on ufe fa vie à le pourfuivre , & on
» meurt fans l'avoir atteint. La félicité
» des fens eft paffagère : l'état habituel
» du cœur y perd toujours. Vous avez
» plus joui par l'efpérance que vous ne
» jouirez jamais en réalité : l'imagination
» qui pare ce qu'on defire , l'abandonne
» dans la poffeffion. Hors le feul être
» exiftant par lui-même , il n'y a rien de
» beau que ce qui n'eft pas···· Si cet
» état eût pu durer toujours, vous au-
» riez trouvé le Bonheur fuprême ; mais
» tout ce qui tient à l'homme fe fent de
» fa caducité. Tout eft fini, tout eft
» paffager dans la vie humaine ; & quand
» l'état qui nous rend heureux dureroit
» fans ceffe, l'habitude d'en jouir nous en
» ôteroit le goût. Si rien ne change au
» dehors, le cœur change : le Bonheur
» nous quitte, ou nous le quittons. Un
» état permanent eft-il fait pour l'hom-
» me ? Non : quand on a tout acquis, il
» faut perdre, ne fût-ce que le plaifir de
» la poffeffion qui s'ufe avec elle.».

Dans ce morceau, auffi vrai qu'éloquent, s'il m'eft permis de relever quelque chofe, c'eft que l'Auteur place le
Bonheur fuprême dans un état de defir
& d'efpérance qui dureroit toujours.
Quel eft l'homme qui n'a pas éprouvé
que dans le defir féparé de la poffeffion,
l'on fent toujours, pour ainfi parler,
l'épine de l'inquiétude ou de l'impatience, qui écarte le Bonheur fuprême ? Le
defir, joint à la poffeffion, un defir toujours vif avec une poffeffion toujours
imperturbable, voilà le Bonheur parfait.
Et voilà pourquoi il ne fe trouve point
fur la terre. Ou le defir exclud la poffeffion, le defir alors eft un tourment :
ou la poffeffion éteint avec le defir le
goût de la jouiffance, la poffeffion devient fatiété.

Que conclurons-nous ? Tout le monde
veut être heureux, & jufqu'ici on cherche en vain un feul heureux. Mon Traité
eft-il fini ? Le Bonheur eft-il donc une
chimère ?

Il seroit trop cruel de le penser. Le doute seul seroit injurieux à l'Auteur de la Nature. Eût-il répandu ses dons avec cette profusion divine, pour qu'ils devinssent inutiles ou nuisibles à la félicité de celui pour qui il a tout fait, & dans qui il a daigné crayonner son image ?

Et cet espoir, ce desir invincible du Bonheur, l'ame de toutes nos actions, le premier ressort de nos vertus même, l'eût-il gravé au fond de notre être; si le Bonheur n'étoit qu'une chimère; si cet espoir n'étoit qu'une illusion; si ce desir devoit nous agiter sans cesse, sans pouvoir jamais être satisfait ? Comment eût-il regardé avec complaisance l'Univers sorti de ses mains ? Comment eût-il dit, *tout est bien*, tandis que son ouvrage le plus chéri eût été condamné à gémir jusqu'à la mort sous l'empire du mal ? Il est vrai que le bel ordre, l'harmonie divine qu'il avoit établie entre tous les êtres, l'heureuse destinée qu'il avoit promife pour tous fes defcendans au Pere du genre humain, tout a été renverfé par le crime de l'homme, comme la raifon feule l'avoit fait foupçonner aux Sages du Paganifme. Mais fi ce Bonheur parfait & inaltérable, que la magnificence du Créateur nous avoit préparé, nous a été ravi fans retour ; ne refte-t-il pas du moins des confolations, &, pour ainfi dire, un Bonheur du fecond ordre, que fa bonté compatiffante a fubftitué?

Qui de nous n'a pas entrevu, n'a pas goûté des heures de Bonheur? Qui de nous n'a pas de reproches à fe faire fur les obftacles que lui-même il a mis à fon bien-être? Il eft rare que l'occafion nous ait manqué; il ne l'eft pas que nous ayons manqué à l'occafion.

On a vu même des hommes, loin du tourbillon du monde, & de ces plaifirs fans lefquels le grand nombre n'imagine pas que le Bonheur puiffe exifter, on les a vus, après avoir facrifié tout aux pro-

meſſes de la Religion, ſoutenir conſtamment qu'ils étoient heureux, ſans que
l'appas de ce que la fortune a de plus
riant & de plus éblouiſſant ait pu les tirer
ou les dégoûter de cet état.

Ces exemples ſinguliers étonnent ; ils
peuvent même ravir l'admiration, mais
ils ne perſuadent point. Enfin tous, à les
entendre, marchent vers le même terme,
& preſque tous prennent, pour y arriver, des chemins différens ou même
oppoſés.

Ainſi l'objet le plus intéreſſant pour
tous les hommes, ſur lequel les opinions
devroient le moins varier, eſt préciſément celui ſur lequel ils s'accordent le
moins. Au lieu de faire ſervir le ſentiment
à éclairer la raiſon ; & l'expérience à
redreſſer l'un & l'autre, ils ſemblent ſe
diſputer à qui s'égarera le plus. Rendons
nous attentifs à la voix de la Nature,
aux conſeils de la raiſon, au témoignage
de l'expérience : quand leur flambeau

cesse de luire, n'hésitons pas de recourir à une lumiere supérieure. Tâchons d'abord de remarquer les illusions & les préjugés trop répandus sur le Bonheur, les fausses routes qui nous détournent de la véritable, & les écueils semés dans celle-ci. Les erreurs reconnues, les obstacles écartés, il nous sera plus facile de nous former des idées justes de la nature du Bonheur, & de suivre le sentier qui aboutit à ce terme si desiré & si peu connu.

SECTION

SECTION II.

Les obstacles que nous mettons nous-mêmes à notre BONHEUR par nos erreurs & par notre conduite.

UN travers & une erreur capitale qui se présente d'abord à combattre, & que je souhaiterois pouvoir détruire dans l'esprit de mes Lecteurs, parce qu'elle est la source de presque toutes les autres, & qu'elle a les suites les plus fâcheuses pour le Bonheur, c'est de s'imaginer que le Bonheur ne dépend pas de nous, de notre façon de penser ni d'agir, qu'il tient absolument aux événemens, à la fortune, à la condition où le sort nous a placés.

Ecoutons Fontenelle, qui a représenté vivement l'influence de ce faux préjugé, mais qui l'a attaqué trop mollement. « Quoi qu'en disent les fiers Stoïciens,

B

» une grande partie de notre Bonheur
» ne dépend pas de nous.... N'ajoutons
» pas à tous les maux que la nature &
» la fortune peuvent nous envoyer, la
» ridicule & inutile vanité de nous
» croire invulnérables. Il feroit moins
» déraifonnable de fe perfuader que
» notre Bonheur ne dépend point du
» tout de nous ; & prefque tous les
» hommes ou le croyent, ou agiffent
» comme s'ils le croyoient. Incapables
» de difcernement & de choix, pouffés
» par une impétuofité aveugle, attirés
» par des objets qu'ils ne voyent qu'au
» travers de mille nuages, entraînés les
» uns par les autres fans fçavoir où ils
» vont, ils compofent une multitude
» confufe & tumultuaire, qui femble
» n'avoir d'autre deffein que de s'agiter
» fans ceffe. Si dans tout ce défordre
» des rencontres favorables peuvent en
» rendre quelques - uns heureux pour
» quelques momens, à la bonne heure ;

» mais il eſt bien ſûr qu'ils ne ſçauront
» ni prévenir ni modérer le choc de
» tout ce qui peut les rendre malheu-
» reux. Ils ſont abſolument à la merci
» du haſard. Nous pouvons quelque
» choſe à notre Bonheur, mais ce n'eſt
» que par notre façon de penſer ; & il
» faut convenir que cette condition eſt
» aſſez dure. . . . . Ainſi il n'y a qu'une
» partie de notre Bonheur qui dépende
» de nous; & de cette petite partie peu
» de gens en ont la diſpoſition, ou en
» tirent leur profit ».

Sans doute nous ne pouvons pas diſpoſer de la plupart des événemens. Eh !
pouvons-nous toujours diſpoſer de nous-
mêmes ? & *c'eſt une ridicule & inutile va-*
nité de nous croire invulnérables, comme
dit fort judicieuſement Fontenelle. Mais
je ne crois pas pour cela qu'il *n'y ait*
qu'une petite partie de notre Bonheur qui
dépende de nous. Quiconque connoît le
monde, & a fait une étude ſérieuſe du

B ij

cœur humain, a dû se convaincre qu'un grand nombre d'hommes ont à se reprocher, ou de n'avoir pas sçu jouir du Bonheur qui leur étoit offert, ou de s'être persuadés trop légèrement qu'ils étoient malheureux, & de l'être devenus en effet en se croyant tels. » Ceux qui se » plaignent de la fortune, dit un célebre » Ecrivain, n'ont bien souvent à se » plaindre que d'eux-mêmes ».

J'avoue (& comment ne pas l'avouer ?) qu'il est nécessaire d'apporter en naissant les qualités qui font la base du Bonheur ; car il faut supposer ici, comme par-tout ailleurs, que la Nature a fait les premiers frais : l'art, la réflexion, l'éducation, ne peuvent que seconder, guider, développer la Nature, tout au plus la corriger & l'enrichir, jamais l'effacer ni la suppléer. Un sens droit, un cœur droit, font des qualités indispensables dans tout homme ; sans quoi il n'est capable de rien de grand, de rien de solide ; il ne

M. de Volt.
Hist. gén.

sçauroit que nuire à la société, & se nuire
à lui-même, loin de pouvoir joüir d'un
vrai Bonheur. Faute de la premiere qualité, il est exposé à donner dans tous les
travers de ceux qui l'environnent & qui
se prévalent de sa foiblesse ; il est livré
sans ressource à tous les siens. Fauté de
la seconde, il ne peut s'estimer lui-
même ; il rougit de se voir, il est forcé
de se fuir ; & ce n'est que dans soi qu'on
peut trouver le repos & le vrai contentement. Otez l'estime de nous-mêmes &
le contentement intérieur, tout le reste
nous est étranger & n'est propre qu'à
effleurer l'ame.

Il est bien à souhaiter que la Nature
nous ait aussi pourvus d'un caractere
serein, égal, doux, modéré, sociable,
complaisant : nous avons alors de grandes
avances pour le Bonheur. C'est sur-tout
le caractere qui decide de l'agrément
que nous procurons aux autres, & de
celui que nous goûtons dans leur com-

pagnie. Un esprit borné, si vous voulez, pourvu qu'il soit judicieux & conduit par un caractere vertueux & ferme, gagne tous les suffrages, & remplit utilement les places que la République lui confie. L'esprit le plus brillant, s'il n'a ni la rigide probité pour frein, ni un caractere sage pour boussole, ne sert souvent qu'à faire faire les plus grands écarts, à mériter la risée ou l'indignation du Public. Que d'exemples nous pourrions citer! Me permettra-t-on de dire que depuis long-temps on reproche à ma Patrie de beaucoup trop abonder en êtres de cette espece? Ce n'est pas à moi à prononcer si le reproche est fondé : puissent le mérite & la réputation de bel-esprit nous être pour jamais enlevés, s'il faut les acheter à ce prix!

Il est incontestable que le Bonheur tient pour beaucoup au caractere : il ne l'est pas moins que l'organisation physique influe puissamment sur le caractere;

& que la mauvaise constitution du corps
peut former de grands obstacles au Bonheur. Ces obstacles, il est vrai, ne sont
pas insurmontables ; mais il est fâcheux
d'avoir sans cesse des combats à livrer,
de pénibles victoires à remporter.

L'Auteur d'un ouvrage très - estimé
dit que » ceux qui apportent en naissant
» un sang sans aigreur & des humeurs
» sans venin, sont aussi obligés à la
» Providence que les fils aînés des Sou-
» verains ». Le Bonheur des premiers
paroîtra fort exagéré aux yeux de l'ambition ; il est plutôt affoibli au jugement de
la raison & de l'expérience. Ce n'est pas
du moins à nous que la place la plus voisine
du trône doit paroître si digne d'envie.
Combien de fois, en moins d'un demi-
siècle, la France n'a-t-elle pas eu à pleu-
rer ceux dont elle attendoit son Bonheur !
Mais supposons, j'y consens, l'intervalle
qui sépare du trône franchi ; qui peut
ignorer que ce n'est point au centre

L'Abbé du
Bos, Réflex.
sur la Poésie
& sur la Pein-
ture, tome I.

même de l'agitation & des viciffitudes humaines qu'a coutume de réfider le Bonheur & le calme de l'ame ? Le tout enfin, n'eft-ce pas de fe croire heureux & de l'être ? & qu'importe où ? Dira-t-on encore que quelle que puiffe être l'influence du caractere fur le Bonheur, perfonne ne fe forme à fon gré un caractere? J'en conviens ; mais il faut convenir auffi qu'il n'en eft guere que l'éducation, les confeils, la réflexion, une fociété choifie, que la vraie Philofophie ne vienne à bout de plier ou de fortifier, de polir & d'humanifer, de calmer & même d'égayer.

Le nombre des maux réels qui fans ceffe ou affligent ou menacent l'humanité, eft fans doute prodigieux, effrayant : mais les maux imaginaires dont nous fommes nous - mêmes les auteurs, les circonftances imaginaires que nous ajoutons aux maux réels, & plus infuportables que ces maux mêmes, ne peuvent se compter. Les premiers, la prudence réussit souvent à les conjurer, la prévoyance en affoiblit l'impression, le courage leur tient tête, toutes les vertus réunies ou les écartent, ou en triomphent, ou du moins en consolent : ils ne se font sentir ni dans tous les momens ni avec la même vivacité ; l'habitude seule les adoucit. Enfin le temps,

> Qui détruit tout ce qu'il fait naître,
> A mesure qu'il le produit,

incessamment les consume, & bientôt les replonge dans le néant : mais pour les autres, ils se fortifient & s'aigrissent chaque jour, parce que chaque jour de nos propres mains nous envenimons & déchirons nos plaies. Nous ne pouvons nous y dérober un instant, puisque nous ne pouvons nous fuir nous-mêmes. Ils sont incurables, à moins qu'un art supérieur à celui d'Esculape, en guérissant l'imagination, ne tarisse la source em-

Rouss. liv. 2. Ode.

poifonnée d'où ils coulent fans ceffe.

Quelle eft donc la démarche effentielle qu'il faut faire avant tout, fi nous afpirons au Bonheur ? Pour qu'il puiffe trouver entrée dans notre ame, ou du moins y féjourner, il faut, felon l'expreffion de Fontenelle, avoir nettoyé la place, & en avoir chaffé tous les maux imaginaires.

Voulez-vous un exemple de ces fortes de maux ? en voici un que le même Auteur nous fournit. « C'eft un mal imagi-» naire que la douleur de laiffer de grands » biens après fa mort à des héritiers en » ligne collatérale & non pas en ligne » directe, ou à des filles & non pas à des » fils. Il y a des hommes dont la vie eft » empoifonnée par un tel chagrin : le » Bonheur n'habite pas dans les têtes de » cette trempe ». Un travers plus pitoyable encore, c'eft de nous croire malheureux pour les fottifes & les torts des autres, pour des injures, des calomnies, de prétendues humiliations. Efti-

mons-nous affez peu notre honneur &
notre repos, pour le faire dépendre du
caprice & de l'injuftice des êtres les plus
frivoles & les plus méprifables, & que
nous méprifons le plus en effet ? Les injures, les calomnies, les mauvais procédés en tout genre, à qui donc peuvent-
ils préjudicier, qui doivent-ils affliger,
qui doivent-ils faire rougir, finon ceux
qui ont à fe les reprocher ?

Si nous voulions rendre compte des
obfervations que nous avons faites dans
la fociété à cet égard, analyfer les fujets
de plainte de la grande partie des hommes, nous entrerions dans des détails qui
fourniroient la matiere d'un gros Ouvrage. Les maladies imaginaires du corps,
qui pourroient de nos jours reparoître
fur la fcene comique avec autant de
fuccès que jamais, comparées aux maladies de l'ame, ne méritent pas d'être
comptées. La raïfon & le bon efprit ne
ferviffent-ils qu'à retrancher cette double

branche de nos maux, il faut convenir qu'ils ne mettroient pas un petit poids dans la balance du Bonheur. Que fera-ce fi nous ajoutons tous les biens dont nous jouiffons fans en faire aucun cas, fans prefque nous en appercevoir; & qui peut-être excitent la jaloufie d'une foule de perfonnes, dont, à les entendre, ils feroient le Bonheur?

Les maux imaginaires ne font pas feulement ceux dont parle Fontenelle, qui tirent leur origine *de quelque façon de penfer fauffe, ou du moins problématique.* J'entends encore fous ce nom tous les maux réels qui ne font que poffibles, & que notre lâcheté, & une prévoyance infenfée, fruit d'un amour exceffif & efféminé, nous font fouffrir comme s'ils exiftoient déja. Une mère, plus foible encore que tendre, au lieu de jouir de la reconnoiffance & de l'heureux naturel de fon fils, au lieu d'anticiper fur l'avenir, & de goûter déja la joie que lui cau-

seront des vertus transmises par le sang
& cultivées par l'éducation, se fait un
supplice de ce qui devroit faire son
Bonheur : elle ne peut le voir s'éloigner
sans saisissement ; tous les dangers où une
tête si chère peut être exposée, se peignent vivement à son imagination : la
terre, la mer, la plus légère indisposi-
tion, que sera - ce des horreurs de la
guerre ? tout la fait frémir. Il n'y a que la
mort même de l'objet de sa tendresse qui
puisse mettre fin à cette cruelle agitation :
du moins elle le perdroit pour la derniere
fois ; & par ses alarmes éternelles, elle
l'a perdu mille fois avant de le perdre.

Un avare ne jouit pas mieux de la
fortune ; qu'il a pour l'ordinaire achetée
fort au-delà de son prix. Pauvre auprès
d'un tas d'or & d'argent, dont il n'est
que le gardien, il passe sa vie dans de
mortelles frayeurs. Il craint tout pour
son trésor ; ceux qu'il connoît, comme
ceux qu'il ne connoît pas, ses enfans ; sa

femme, ſes amis. Ses amis ! un avare en
eût-il jamais, lui qui n'aime que ſon argent ; & qui, plutôt que d'y toucher,
voit de ſang froid périr ſon ſemblable ?
Il craint tout ; il ſe craint lui-même ; il
réſerve juſqu'au dernier ſoupir, pour de
chimériques beſoins, ce qu'il ſe refuſe
dans les plus preſſantes néceſſités. Voilà
le fruit de tant de travaux, de ſacrifices,
de baſſeſſes, & peut-être de crimes ! lui-
même, ſon plus cruel ennemi, il venge
le genre humain, dont il eſt la fable &
l'horreur.

<table>
<tr><td>Rouſſ. Liv. 2,
Ode 9.</td><td>

Oüi, c'eſt toi, monſtre déteſtable,
Superbe tyran des humains,
Qui ſeul du Bonheur véritable
A l'homme as fermé les chemins.
Pour appaiſer ſa ſoif ardente,
La terre en tréſor abondante,
Feroit germer l'or ſous ſes pas.
Il brûle d'un feu ſans remède,
Moins riche de ce qu'il poſſède,
Que pauvre de ce qu'il n'a pas.

</td></tr>
</table>

L'ambitieux eſt-il plus ſage ou plus

heureux ? Semblable à ces rivaux pleins
d'ardeur à la course, qui volent sur ceux
qui les devancent, sans regarder celui
qu'ils ont laissé derriere eux, après s'être
élevé, à force de ramper, d'honneurs en
honneurs, plus agité, plus insatiable que
jamais, il aspire encore à monter, lorsque
tout-à-coup l'inexorable mort le précipite du faîte dans le tombeau.

C'est ainsi que les biens dont nous
sommes épris, & qui devroient, ce sem-
blé, contribuer le plus à notre Bonheur,
nous deviennent funestes par le dérégle-
ment de notre esprit & de notre cœur.
Les autres biens, que nous possédons
presque sans le sçavoir, nous n'en tenons
aucun compte : ils sont comme s'ils n'é-
toient pas, tandis qu'ils nous sont assurés.
Viennent-ils à nous être enlevés ? non-
seulement nous connoissons alors tout ce
qu'ils valent, mais ingénieuse à nous
tourmenter, notre imagination les enfle
autant qu'elle les avoit diminués jusqu'à

ce moment. La poffeffion n'avoit pu influer fur notre Bonheur, & la privation fait notre malheur.

La fanté, la liberté, affez d'aifance pour fournir abondamment à la nature tout ce qu'elle peut demander, une fituation enviée d'une foule de rivaux qui fe trouveroient heureux d'être à notre place, c'eft pour nous une fituation infipide, infupportable.

Un citoyen aimé & refpecté dans le fein de fa famille, ne connoît pas le prix de l'heureufe médiocrité, où la Providence l'a placé : le luxe & l'opulence d'un voifin que les caprices de la fortune, ou les refforts cachés d'une intrigue ont élevé rapidement au-deffus de tous fes égaux, le rendent pauvre & malheureux. Celui-ci, peu fatisfait des richeffes d'une condition privée, voit avec une fecrette jaloufie qui le ronge, l'autorité que donne au Magiftrat, les hommages affidus que lui attire un pofte plus pénible

encore

encore qu'il n'eſt honoré. Le Magiſtrat, dont l'orgueil eſt mortifié par la ſubordination, n'imagine d'heureux qu'à la premiere place. Mais celui qui l'occupe ſe croit-il lui-même heureux? L'eſt-il effectivement? Privé de la liberté, preſque toujours de la vérité & de l'amitié, qu'eſt-ce qui pourroit remplacer ces tréſors, dont chacun, pris à part, ne ſe payeroit point par tout l'or de l'ancien & du nouveau monde?

Combien de fois ennuyé, excédé, dégoûté, le Monarque lui-même n'envie-t-il pas, avec ce Chef des Rois de la Grèce, la deſtinée d'un de ſes Sujets, dont les jours coulent paiſiblement, ſans connoître & ſans deſirer le faux éclat des dignités & de la gloire!

Heureux qui, ſatisfait de ſon humble fortune,
Libre du joug ſuperbe où je ſuis attaché,
Vit dans l'état obſcur où les Dieux l'ont caché!

Tels ſont les vers fameux que le Tragique Grec met dans la bouche d'Aga-

Euripide &
Racine, au
commence-
ment d'Iphi-
génie en Au-
lide.

C

memnon, & qu'a si bien rendus l'Euripide François. Qu'on me permette de le re-marquer en passant, quel contraste vrai & frappant de l'ambitieux soupirant sous ce *joug superbe*, avec l'homme modeste, heureux dans *son humble fortune !* Ce vers admirable, *libre du joug superbe où je suis attaché,* plus philosophique encore que poétique, bien médité, suffiroit seul pour guérir de la maladie de l'ambition, si malheureusement elle n'étoit pas incurable ; & ce mot *caché,* choisi entre tous par un si grand Ecrivain, à la bouche d'un superbe & infortuné Monarque, que de choses ne dit-il pas à qui sçait le pénétrer !

Dans l'état obscur où les Dieux l'ont caché. Ne cesserons-nous donc pas d'être ingé-nieux contre nous-mêmes, d'envier aux autres conditions des avantages que notre imagination a créés, & qui n'existent que pour faire notre tourment ? Tous les hom-mes naissent avec une passion ardente & invincible de leur Bonheur ; &, à les sui-vre dans toute leur conduite, on diroit

qu'ils ont tous conspiré contre leur propre
Bonheur. Au lieu de goûter en paix &
avec reconnoissance les biens qu'ils ont
reçus en grand nombre ; ils ne sçavent
que vanter & regretter celui qui leur
manque , & que souvent ils ont laissé
échapper. On les entend murmurer sans
cesse, ou contre je ne sçais quel destin
ennemi , ou contre les dispensateurs des
graces & des récompenses. Au lieu de
regarder au-dessous d'eux , & de jetter
les yeux sur une multitude d'hommes
beaucoup moins bien partagés qu'ils ne
le sont , ils ne considerent que ceux qui
sont placés sur leurs têtes , & dont l'éloi-
gnement ne leur présente que de trompeuses images : ils préferent toujours la
condition des autres ; ils ne l'envisagent
que par ses côtés brillans , & ils n'en
sentent pas les peines & les dégoûts ; ils
déplorent la leur , où ils s'obstinent à ne
voir que des désavantages & des désa-
grémens.

Mais peuvent-ils ignorer que ceux-là même dont ils envient le fort, envient souvent le leur, & peut-être avec plus de raison ? Et dans le fond, il y a moins d'inégalité entre les conditions qu'on ne le croit communément. Je parle de celles où l'on peut pourvoir aux besoins de la nature, qui font circonscrits dans d'étroites bornes : les besoins des fantaisies & des paffions, on ne le fçait que trop, n'en connoiffent point. Ou s'il y a de l'avantage de quelque côté, il eft tout entier pour les conditions médiocres, fi vantées par le plus aimable & le plus judicieux des Poëtes Philofophes, fous le nom d'*aurea mediocritas.*

Les riches achetent à grands frais des plaifirs qui ne ranimeront pas un goût ufé, qui ne fçauroient faire renaître la paix au fond du cœur, ni en étouffer les rémords. Ils ne peuvent prétendre qu'à s'étourdir, à fe donner les dehors d'hommes heureux, peut-être à empêcher par-là les autres de l'être. Au milieu de leurs fêtes les plus fastueuses, on les entend soupirer après la grossiere, mais vraie gaieté du peuple, à qui la Nature suffit, & dont le travail & l'appétit assaisonnent les plaisirs.

C'est donc le caractere, c'est la modération, la richesse de l'ame, qui fait la différence réelle des situations & la seule richesse désirable. Les conditions ne paroissent si différentes les unes des autres que par une suite de notre légereté, qui ne peut point se fixer, de cette trempe malheureuse du cœur humain, qui desire tout ce qu'il n'a point, & se dégoûte de tout ce qu'il possede. C'est parce que dans tous les états il y a des maux cachés qui ne sont connus que par expérience; c'est parce que les biens en sont également inconnus, puisqu'ils paroissent fort au-dessus de ce qu'ils valent en effet. Ainsi toutes les conditions, déprisées par ceux qui les remplissent, enviées par les autres, ne peuvent jamais suffire au

Bonheur des premiers, & troublent celui des seconds, qui les regardent hors de leur vrai point de vue.

» Il faut l'avouer à la honte des hom-
» mes, dit un Ecrivain de nos jours; ils
» feroient infiniment plus contens s'ils
» pouvoient se persuader que les autres
» hommes n'ont pas été traités mieux
» qu'eux. . . . . . Notre amour - propre,
» notre injustice, l'indifférence que
» nous avons pour la plus grande partie
» du genre humain, nous font exagérer
» nos maux & les biens de ceux avec
» qui nous vivons. Tout est bien pour
» les autres : à nos yeux la fortune s'est
» épuisée pour eux. Tout est mal pour
» nous : à nos yeux la fortune nous a
» traités en marâtre. Soyez justes, aimez
» les hommes, & vos maux seront
» éclipsés. Tout est compensé ici bas :
» chacun a ses biens ; chacun a ses pei-
» nes . . . . . Les biens des autres augmen-
» teroient-ils vos maux ?

Nous empoisonnons les bienfaits de la

Nature : le talent même & l'inclination qu'elle nous a donnée pour notre Bonheur, nous en abufons pour aigrir nos maux & empirer notre fort. Il dépend de nous d'être heureux, s'il eft vrai qu'il dépende fouvent de nous de nous croire tels ; & que fe croire heureux, c'est l'être pour le temps du moins où on le croit. Incapables d'approfondir aucun objet, nous voulons les effleurer tous : nous aimons à les rapprocher, à faifir tous leurs contraftes & leurs rapports. Tous nos jugemens, dans le moral comme dans le phyfique, font des jugemens de comparaifon : nous ne jugeons les objets, grands ou petits, excellens ou défectueux, que par comparaifon avec d'autres, où les mêmes qualités fe rencontrent en un degré fupérieur ou inférieur. Et voilà pourquoi le fils du Laboureur & de l'Artifan fe trouveroit aifé & opulent avec la même fortune, qui caufe le malheur & les plaintes amères de l'héritier d'un

Traitant. Pourquoi donc ne nous compa-
rons-nous pas avec ceux qui font traités
beaucoup plus mal que nous ? Au lieu
de porter toujours nos regards au - deſſus
de nous , que ne les rabaiſſons-nous fur
la foule qui rampe à nos pieds? Quel orgueil , quelle injuſtice & quel travers
fatal à notre repos & à notre Bonheur,
de nous obſtiner à nous meſurer avec
ceux qui nous effacent, & de prétendre
nous-mêmes effacer tous nos égaux
par les dons de la fortune & par l'éclat
des dignités?

Valons-nous donc mieux que le reſte
du genre humain ? ſommes-nous pétris
d'un limon moins groſſier que le cultivateur & le bourgeois ? Croyons-nous
ſuffiſamment dotés des biens de la fortune, quand nous avons ce qui ſuffit aux
beſoins de la Nature. Croyons - nous
riches, quand nous voyons tant de milliers d'hommes envier notre ſort. Sa-
chons être heureux dans une place qui
feroit leur Bonheur.

Jugeons avec ce même bon efprit de tous les événemens. En butte comme nous le fommes à tous les coups du fort, loin de nous lamenter, de nous défefpérer, lorfque nous avons effayé quelques gouttes du calice d'amertume, préparé pour tous les mortels ; félicitons-nous, trouvons-nous heureux de ne l'avoir pas bu jufqu'à la lie, comme tant d'autres qui en étoient moins dignes que nous. Il n'eft point de fituation dans la vie, où cette réflexion ne doive adoucir notre deftinée & calmer notre ame. J'ai éprouvé, il eft vrai, un trait piquant de la malignité des hommes, de la dureté des Grands, de la rigueur du fort, de l'injuf-tice des arbitres des récompenfes : mais je fuis homme, & comme tel je dois m'attendre à toutes les épreuves de l'humanité. Je pouvois, ainfi que tant d'autres, être beaucoup plus maltraité, plus oublié, plus déchiré, plus perfécuté : je dois donc m'eftimer heureux par comparaifon avec eux ; je dois bénir le Modérateur fuprême des humains , loin de m'en plaindre & de murmurer.

N'augmentons pas nous-mêmes nos maux , & ne diminuons pas les biens dont nous jouiffons par les fauffes idées que nous nous en formons. » Ce qui » prouve que dans nos chagrins l'opi- » nion & le chimérique l'emportent fur » le réel, c'eft que les hommes ne font » point d'accord ni avec eux-mêmes ni » avec les autres fur le prix de certains » avantages, fur le degré de peine at- » taché à quelques inconvéniens ». Non, remarque fenfément Charron ; » ce n'eft » pas la vérité ni le naturel des chofes » qui nous remue & agite notre ame, » c'eft l'opinion ». Il cite, comme une preuve fans replique, la diverfité, la contrariété même des fentimens qui regnent à la fois, ou tour à tour fur le même objet. Et nous-mêmes ne changeons-nous pas fans ceffe , &

M. Formey.

Sageffe, l. 1, c. 18.

d'humeurs, & de goûts & d'idées ?
Voilà l'homme en effet ; il va du blanc au noir ;
Il condamne au matin ses sentimens du soir.

Boil. Sat. 8.

Travaillons donc sur notre esprit comme sur notre caractere : tâchons de fixer nos idées & de les faire concourir à nous rendre heureux, à diminuer l'impression des maux que nous ne pouvons éloigner. Profitons des conseils judicieux de Plutarque, qui veut que nous nous consolions des maux que nous éprouvons par la considération de ceux dont nous sommes affranchis, & par le souvenir des biens dont nous avons joui ; que nous jettions les yeux sur ceux qui seroient contens avec ce que nous avons, & dont nous ne faisons point de cas. Il blâme au contraire fortement cette inclination bizarre, qui nous porte à détourner nos regards de dessus les objets rians & avantageux, pour les arrêter sur ce qu'il y a de plus triste ; ressemblant, lui fait dire Amyot dans

Traité du con
tentement de
l'esprit.

la naïveté de notre ancien langage, » à
» un Marchand de Chio, lequel vendant
» aux autres grande quantité de bon vin,
» alloit par-tout, cherchant & goûtant,
» pour en trouver d'aigre pour son dî-
» ner. Auſſi y eût-il un ſerviteur qui,
» étant interrogé qu'il avoit laiſſé ſon
» Maître faiſant, ayant, dit-il, beau-
» coup de bien, il cherche du mal. Ainſi
» la plupart des hommes paſſant par-
» deſſus les choſes bonnes & deſirables
» qu'ils ont, s'attachent aux mauvaiſes
» & fâcheuſes ».

Ariſtippe entendoit bien mieux ſes intérêts. Un de ſes amis lui témoignant ſon
affliction de ce qu'il avoit perdu une de
ſes terres, félicitez-moi plutôt, lui ré-
pondit-il, de ce que j'en ai conſervé
d'autres. Il eſt également déraiſonnable
& contraire à notre Bonheur de ne tenir
aucun compte des mêmes biens, auxquels
nous mettons un ſi grand prix quand
nous les avons perdus. Quoi donc! la

fanté, la paix, la liberté, ces biens inef-
timables, ne commencent-ils à valoir
quelque chofe que du moment qu'ils ne
font plus ?

En un mot, nous-mêmes nous fommes
prefque toujours les artifans de notre
malheur. Ceux-ci ne font point heureux,
parce qu'ils veulent être trop heureux ;
ceux-là, parce qu'ils veulent l'être au-
trement qu'ils ne peuvent l'être ; plufieurs, parce qu'ils prétendent l'être trop
exclufivement, fans s'embarraffer de ce
qu'il peut en coûter aux autres, ce qui
les arme tous contre eux. Prefque tous
s'imaginent ne pouvoir trouver le Bonheur qu'en affouviffant leurs paffions,
en entaffant les richeffes, en fe livrant
à toutes leurs fantaifies : mais s'ils font
fourds au cri de la raifon, l'expérience
du moins devroit les avoir défabufés. Il
eft impoffible que des paffions toujours
tumultueufes, toujours volages, procurent le repos de l'efprit, une félicité

constante : il est de leur nature de ne pouvoir être rassasiées, de s'enflammer au contraire à mesure qu'on leur prodigue les alimens.

Il est permis de desirer modérément une aisance convenable à son état. Mais la cupidité fait-elle ambitionner les richesses ? Jamais ce desir déréglé ne sera satisfait, & elles seront toujours payées trop cher. » Celui, dit la Bruyere, qui » sçait attendre le bien qu'il souhaite, » ne prend pas le chemin de se désespé- » rer s'il ne lui arrive pas ; & celui au » contraire qui desire une chose avec » une grande impatience, y met trop du » sien pour en être assez récompensé » par le succès ».

Quiconque ne sachant se réprimer sur rien, donne l'essor à son orgueil & à ses caprices, sans jamais rien accorder au goût ni à la façon de penser des autres, est sûr de les trouver par-tout ardens à le traverser & à lui rendre au centuple ſes hauteurs & ſes bizarreries. Il eſt ſans doute bien plus aiſé, bien plus heureux de commander à ſes fantaiſies, de ſe plier à l'humeur de ceux avec qui l'on vit, que d'avoir ſans ceſſe les armes à la main pour les réduire & les ſubjuguer. Dans les choſes indifférentes qui ſe préſentent continuellement, vous vous trouverez bien de ſuivre le goût des autres : l'habitude vous rendra cette conduite facile & douce : vous aurez le plaiſir le plus pur & le plus flatteur, celui de gagner tous les cœurs. En leur cédant à tous, infailliblement vous les vaincrez tous, & vous les verrez tous conſpirer d'eux-mêmes à votre Bonheur.

Un grand obſtacle que nous avons coutume de mettre à notre Bonheur, c'eſt que nous le voulons trop complet. Hommes foibles & mortels, nous aſpirons au Bonheur des Immortels. Souvenons-nous que ce n'eſt qu'un eſſai de la félicité, qu'une félicité fort imparfaite, qu'il nous est permis de goûter ici bas.

C'est bien plus de nos affections, comme on l'a remarqué, que de nos besoins, que naît le trouble de notre vie ; nos desirs sont immenses ; nos facultés, ainsi que nos besoins, sont très-bornées : de la proportion entre les unes & les autres résulte le repos & le contentement de l'ame. Nous ne pouvons étendre nos facultés ; il ne nous reste qu'à resserrer nos besoins & nos desirs, suivant le plan que la Nature elle-même nous a tracé : j'entends la Nature guidée par la raison, redressée par la Religion, & que la contagion du siécle n'a point gâtée. Elle a circonscrit nos besoins dans des limites fort étroites ; je dis les besoins de l'esprit & du cœur, & encore plus ceux du corps. D'après ce modèle, que nous devons avoir toujours devant les yeux, traçons-nous le systême de Bonheur le plus simple & le moins compliqué.

» Combien de choses, dit Fontenelle

» avec

avec autant d'esprit que de vérité,
» seroient néceffaires pour le Bonheur
» du courtifan ! du crédit auprès des
» Miniftres, la faveur du Roi, des éta-
» bliffemens confidérables pour lui &
» pour fes enfans, de la fortune au jeu,
» des Maîtreffes fidèles & qui flattaffent
» fa vanité, enfin tout ce que peut lui
» repréfenter une imagination effrénée
» & infatiable. Cet homme là ne pour-
» roit être heureux qu'à trop grands
» frais. Certainement la Nature n'en
» fera pas la dépenfe ».

Un Bonheur, compofé de tant d'élémens rares, coûteux & difcordans, dont
la durée eft foumife au caprice du ha-
fard, dont le prix eft mobile au gré
de l'imagination, comment parvenir à
le former ? A force peut-être d'agitations & d'efforts bien peu compatibles
avec le Bonheur ? Mais j'accorde tout :
comment enfin le fixer & le conferver ?
Ne reffemble-t-il pas à ces machines

D

trop délicates à la fois & trop compli-
quées, où il y a toujours quelque piece
à refaire & à remonter, qui ont befoin
d'être fans ceffe fous la main de l'ouvrier? Oui le Bonheur, tel qu'on l'am-
bitionne dans le monde, eft un vafte
édifice, dont les matériaux font, pour
la plupart, fi fragiles & fi peu affortis,
que lorfqu'on l'éleve ou qu'on le répare
par un endroit, il s'écroule par cent
autres. La vie n'eft jamais affez longue
pour l'achever. Les plus habiles & les
plus heureux font ceux qui meurent lorfqu'il eft près du comble, & qu'ils croyent
toucher enfin au moment de l'habiter.

Je m'attends à une difficulté qui frappera un grand nombre de mes lecteurs.
Vous faites rire, me dira-t-on, en nous
vantant ce plan fimple de Bonheur, que
nous devons encore refferer le plus qu'il
eft poffible. Oui fans doute, il fera bien
plus aifé de l'exécuter & de le maintenir.
Mais quelle forte de Bonheur? & prend-

il donc la forme qu'il nous plaît ? Un
plan ainsi réduit, l'ouvrage d'un Ecrivain
qui a trop de loisir, à quoi peut-il servir ? à repaître une imagination avide de
chimeres.

Malheureux ceux qui font de pareilles
objections, & à qui il faut des raisonne-
mens pour les convaincre ! Je n'espere
pas réuffir à les persuader. Heureux ceux
qui, guidés par la Nature, se trouveront
dans le sentier que je viens d'indiquer !
ils n'ont besoin que d'être avertis de se
defier des chemins fleuris & spacieux
qui le traversent, & de fermer l'oreille
aux voix enchantereffes qu'ils enten-
dront à droite & à gauche.

Sans doute on peut modérer &
borner & ses desirs & ses besoins. Et
sans cela nous resteroit-il un rayon
d'espérance ? La Nature ne nous a
donné qu'un petit nombre de besoins :
elle nous offre des plaisirs faciles &
sans retours fâcheux. Osons la suivre.

D ij

La plus modique fortune fournira à tous nos defirs. Nous ferons donc véritablement riches : nous jouirons du repos & du contentement de l'efprit, que nous avons peut-être cherché par - tout ailleurs fans jamais le trouver. Mais donnons - nous entrée aux fantaifies, aux paffions, aux frivolités de la vanité, du luxe & de la mode ? L'expérience de notre fiècle, ajoutée à celle de tous les autres, nous confirme que toujours agités, quelquefois étourdis & amufés, jamais nous ne ferons tranquilles & fatisfaits. Nous pourfuivrons toujours le Bonheur ; & lorfque nous croirons l'avoir atteint, nous ferons auffi affligés que furpris de voir que nous n'avons embraffé que fon fantôme : nous nous reprocherons amerement d'avoir été nous - mêmes les artifans de notre malheur.

Nous en croirons peut-être de célebres Philofophes. Charron recommande fur-tout « de desirer peu, naturellement & » modérément : qui ne desire rien, en- » core qu'il n'ait rien, est aussi riche que » celui qui jouit de tout... ... & ôte » toute prise à la fortune. *Nihil interest* » *an non habeas, an non concupiscas.* Si » nous lâchons la bride à l'appétit, pour » suivre l'abondance ou la délicatesse, » nous serons en perpétuelle peine ; les » choses superflues nous deviendront » nécessaires : notre esprit deviendra serf » de notre corps, & nous ne vivrons » plus que pour la volupté... L'opinion » nous emportera en précipice, où il n'y » aura ni fond ni rive. Desirer naturel- » lement, c'est ce que la Nature de- » mande, ce qui est par-tout. Les autres » desirs sont outre nature, procédant » de notre opinion & fantaisie, artifi- » ciels & superflus, & vraiment pas- » sion.... Il faut que le Sage s'en garde » entiérement.

 » Le malheur & la misere, dit très-

La Sagesse, l. 2. c. 6.

» judicieusement M. Rousseau, ne con-
» sistent pas dans la privation des choses,
» mais dans le besoin qui se fait sentir ».
Or nos besoins, si vous exceptez les
besoins de la Nature, très-limités & très-
aisés à satisfaire, sont factices & imaginaires.

» Le monde réel a ses bornes : le
» monde imaginaire est infini. Ne pou-
» vant élargir l'un, nous devons rétrécir
» l'autre ; car c'est de leur seule diffé-
» rence que naissent toutes les peines qui
» nous rendent vraiment malheureux.
» Otez la force, la santé, le bon témoi-
» gnage de soi, tous les biens de cette
» vie sont dans l'opinion. Otez les dou-
» leurs du corps & les remords de la
» conscience, tous nos maux sont ima-
» ginaires..... La prévoyance qui nous
» porte sans cesse au-delà de nous, &
» souvent nous place où nous n'arrive-
» rons point, est la véritable source de
» nos maux...... Nous n'existons plus

» où nous sommes ; nous n'exiftons
» qu'où nous ne fommes pas. Les temps,
» les lieux, les hommes, les chofes, tout
» ce qui eft, tout ce qui fera, importe à
» chacun de nous : notre individu n'eft
» plus que la moindre partie de nous-
» mêmes. Chacun s'étend, pour ainfi
» dire, fur la terre entiere, & devient
» fenfible fur toute cette grande furface.
» Eft-il étonnant que nos maux fe multi-
» plient dans tous les points par où l'on
» peut nous bleffer ?

Voilà comme l'image & l'appas d'un
faux Bonheur font illufion à la plupart
des hommes, & les écartent pour jamais
de la route du vrai Bonheur. Faifons
tous nos efforts pour découvrir en quoi
confifte ce vrai Bonheur, & quelle eft
la route qui y conduit. Nous n'aurons
jamais d'objet plus important à éclaircir.

D iv

SECTION III.

En quoi consiste l'essence du BONHEUR?

QUELLE idée le commun des hommes a-t-il du Bonheur? qu'en pensent ceux dont l'occupation principale est de méditer profondément sur la nature, les devoirs & la condition de l'homme? Que nous en dit notre propre cœur, lorsque nous rentrons en nous-mêmes? Que nous apprend notre expérience personnelle, celle des sociétés au milieu de qui nous vivons?

Nous regardons comme heureux celui qui est constamment tranquille & content de son état, qui ne s'agite point, ni ne déplace point les autres pour en sortir, qui attend sa derniere heure sans la desirer ni la craindre. Le Bonheur est donc une situation fixe & stable : ainsi les passions, les scènes rapides de la vie

ne peuvent former l'effence du Bonheur.
Il fuppofe une condition affortie à notre
goût & à nos forces, la vertu & un caractere d'efprit égal & modéré pour
bafes. Il n'eft point d'autre bafe folide.

Cet état de paix & de contentement,
voilà donc le fond du Bonheur. Mais ce
fond, que rien ne releveroit ni ne di-
verfifieroit, paroîtroit trop uniforme, &
peut-être infipide. Que faut-il y ajouter ?
Je m'explique par une comparaifon qui
aura peut-être elle-même le mérite de
jetter pour un moment de la variété
dans un fujet auffi uniforme qu'il eft
intéreffant.

Aux premiers jours du Printemps, lorfque la Nature renaît, & que nous fem-
blons renaître avec elle, nous fommes
impatiens de rompre les liens qui nous
enchaînent à la ville. Raffafiés du luxe &
des preftiges de l'art, nous fuyons pour
aller refpirer un air plus pur, jouir de
nous-mêmes & de la liberté, pour jouir

du fimple & raviffant fpectacle que nous
offre une riante campagne. Nos regards
tombent voluptueufement fur le verd
naiffant d'une vafte prairie. Cependant la
plus douce des couleurs feule ne les arrê-
teroit pas affez long-temps. Mais que la
verdure foit émaillée de fleurs épanouies
ou à demi éclofes, careffées par l'haleine
parfumée du zéphyr; qu'un clair ruiffeau
les baigne de fon onde, qu'il femble,
par un doux murmure, fe plaindre d'être
obligé de fuir de ces lieux enchantés; que
les oifeaux, échauffés des mêmes fentimens qu'éprouvent alors tous les êtres
qui refpirent, viennent fe jouer fur les
arbuftes qui ombragent fes bords, y
chanter leurs plaifirs & celui à qui ils les
doivent : alors l'ame remuée, attendrie,
fe livre à de douces rêveries. Ce n'eft
qu'à regret qu'on s'arrache de cette délicieufe fcène, pour retomber dans le
tourbillon des pervers & miférables
humains.

Ainsi le fond même du Bonheur, l'état de paix & de contentement, a besoin d'être égayé & diversifié par les plaisirs. Il est d'une extrême importance de discerner quels doivent être ces plaisirs.

Les plaisirs peuvent contribuer au Bonheur ; mais il n'en est aucun qui soit le Bonheur même. Il en est plusieurs qui le troublent ou le mettent en fuite pour toujours. Les uns sont portés à un trop haut prix ; la jouissance ne peut indemniser des avances qu'il faut faire pour les acheter. D'autres, d'autant plus à craindre qu'ils s'offrent d'eux - mêmes, font maudire toute la vie leurs perfides douceurs.

L'essence du Bonheur consiste dans le sentiment, dans un sentiment doux & délicieux, qui dilate l'ame & la remplit. Le degré du Bonheur dépend donc du degré & de la vivacité du sentiment. Mais ce n'est pas assez que le sentiment soit doux, vif, délicieux ; il faut encore

qu'il foit innocent, durable, avoué par
la raifon. Quel Bonheur efpérer de plaifirs momentanées, qui font fuivis de longues douleurs, &, ce qui eft plus redoutable encore, qui traînent après eux la
honte & les remords !

Entreprendrons-nous de peindre, de
définir le Bonheur ? il échappe au pinceau
d'un Apelle ; & l'ennuyeufe & prolixe
aridité des Philofophes nous prouvant
trop qu'ils ne l'ont jamais connu, ne
nous permet pas d'attendre d'eux l'idée
jufte du Bonheur. Ce feroit à celui qui
l'a goûté à nous le faire connoître; lui
feul le connoît. Mais fe feroit-il bien
entendre des malheureux mortels, qui
regardent le Bonheur comme la chimere
de la Philofophie ? D'ailleurs l'homme
heureux & content de jouir ne s'avife
guere de difQerter fur fon état.

Le plus grand de nos Poëtes & le plus
éloquent de nos Profateurs, fe réuniffent
ici. » Jaloux, dit M. Rouffeau, d'un fen-

» timent fi doux, en le goûtant on y
» penfe, on le favoure, on craint de
» l'évaporer. Un homme vraiment heu-
» reux ne parle guere & ne rit guere ;
» il refferre, pour ainfi dire, le Bonheur
» autour de fon cœur ».

M. de Voltaire dit la même chofe du Bonheur, fous le nom de *Macare*, qui en grec fignifie heureux.

> Macare, c'eft toi qu'on defire :
> On t'aime, on te perd, & je croi
> Que je t'ai rencontré chez moi ;
> Mais je me garde de le dire,
> Quand on fe vante de t'avoir,
> On en eft privé par l'envie :
> Pour te garder, il faut fçavoir
> Se cacher, & cacher fa vie.

Puifque nous ne pouvons efpérer d'inf-tructions de ceux qui devroient feuls parler du Bonheur, nous fommes réduits à adopter les idées qui nous ont paru les plus exactes parmi celles que nous ont données les Philofophes. *Le Bonheur eft un état de paix & de contentement, parsemé de plaisirs sans amertume & sans remords, qui en égayent le fond.* Ainsi par-tout où règnent des passions tumultueuses & insatiables, le Bonheur ne peut trouver place. Ambitieux, avares, voluptueux, qui que vous soyez, que tyrannisent des desirs violens & effrénés, vous vous abusez étrangement, en croyant courir après le Bonheur : chaque pas que vous faites vous en éloigne. Voulez-vous entrer dans la route qui y conduit ? commencez donc par sortir de celle où vous traînent les passions. Il vous en coûtera le sacrifice de ce qui vous est le plus cher, je le veux : mais la paix de l'ame, cette sérénité douce & inaltérable que vous ne connoissez pas, en un mot le Bonheur est à ce prix. Les plaisirs, quand la vertu ne les marque point de son sceau, quand la tempérance n'en regle point la mesure, infectent & offusquent l'ame de leurs vapeurs impures, alterent & énervent le corps, font fuir le Bonheur, au lieu de l'arrêter par de nouveaux nœuds.

Voyons donc quand & jufqu'à quel point les plaifirs peuvent contribuer au Bonheur, & faire une diverfion utile aux foucis & aux maux dont la vie humaine eft femée. Nous irons par degrés. Des plaifirs des fens nous pafferons aux plaifirs de l'efprit, pour finir par les plaifirs de l'ame. M. Rouffeau fe propofe la même queftion qui nous occupe ici, *en quoi confifte la fageffe humaine, ou la route du vrai Bonheur ?* Il y répond en deux mots : » à diminuer l'excès des defirs fur » les facultés, & à mettre en égalité » parfaite la puiffance & la volonté... » Plus l'homme eft refté près de fa con-» dition naturelle, plus la différence de » fes facultés à fes defirs eft petite, & » moins il eft éloigné d'être heureux ». Affurément cette condition eft indifpen-fable pour le Bonheur ; & elle fuffiroit, fi l'homme n'étoit qu'un être fenfible &

phyſique, ou ſi l'on ſuppoſe que la raiſon
& la ſageſſe préſident conſtamment à
l'exercice de nos facultés, à l'uſage de
notre puiſſance. Voilà préciſément ce
que nous nous propoſons d'examiner ;
en quoi conſiſte cet exercice, cet uſage,
toujours légitime, toujours raiſonnable.
Et par-tout nous appuyerons ſur cette
modération, cette proportion exacte de
nos deſirs avec nos facultés, de notre
volonté avec notre puiſſance, où M.
Rouſſeau place l'eſſence de la ſageſſe
humaine & du Bonheur.

SECTION

SECTION IV.

Comment les plaisirs des sens peuvent con-
tribuer au BONHEUR, & y nuire.

ON ne s'attend pas que j'épuise ici
l'article des plaisirs, ni que j'examine scru-
puleusement quel poids ils peuvent mettre dans la balance du Bonheur ; c'est
une tâche que je laisse à la philosophie de
nos jours, qui la remplit parfaitement.
Sans doute les plaisirs des sens ne font
que trop connus & trop recherchés.
L'instinct s'y porte de toute la vivacité
du tempérament. La raison, trop fouvent avilie & corrompue, se charge de
leur apologie, & réussit sans peine à justifier aux yeux des partisans de la volupté une morale & des principes qu'A-
ristippe & qu'Epicure ne désavoueroient
point. Car, comme l'a si bien dit notre
grand Rousseau,

> Loin que la raison nous éclaire,

L. 2. Od. 9.

E

 - Et conduife nos actions,
Nous avons trouvé l'art d'en faire
L'Orateur de nos paffions.
C'eft un fophifte qui nous joue,
Un vil complaifant qui nous loue
A tous les fous de l'Univers,
Qui, s'habillant du nom de Sages,
La tiennent fans ceffe à leurs gages,
Pour autorifer leurs travers.

Mais comment la raifon peut-elle fe dégrader, jufqu'à fe plaindre qu'elle ne peut rien pour le Bonheur, jufqu'à l'attendre de ce qui eft fi fort au-deffous d'elle ? L'homme méconnoît donc ainfi la plus noble partie de fon être ! il forcé à defcendre vers la terre, felon l'expreffion d'Horace, l'étincelle de la Divinité qui l'anime, & qui tend fans ceffe à s'élever, & à l'élever avec elle jufqu'au lieu de fon origine !

Ne calomnions point les fens ; ne leur conteftons pas les agrémens & les avantages fans nombre dont l'Auteur de la Nature a voulu qu'ils fuffent pour nous les canaux : l'outrage retomberoit fur lui. Mais ne nous aveuglons pas non plus jufqu'à croire qu'ils puiffent faire notre Bonheur : ils feroient bien plutôt capables de faire notre malheur.

» Il n'y a, felon la remarque d'un » célebre Philofophe moderne, que » quelques parties du corps qui puiffent » nous procurer des plaifirs, toutes » nous font éprouver de la douleur. Les » plaifirs du corps diminuent par la du- » rée, & la peine augmente: Le trop » long & trop fréquent ufage des objets » qui caufent les plaifirs du corps, con- » duit à des infirmités. Il en eft de même » des objets qui caufent de la douleur : » la mefure des plaifirs que notre corps » nous peut faire goûter, eft fixe & bien » petite : fi l'on y verfe trop, on en eft » puni. La mefure des peines eft fans » bornes, & les plaifirs même contri- » buent à la remplir ».

La fageffe & la bienfaifance de l'Au-

Maupertuis ; Effai de Phi- lofophie mo- rale.

teur de notre être se montrent par-tout
à des yeux éclairés & attentifs. Il a
voulu que l'usage modéré de nos sens,
& conforme à la nature, fût toujours
accompagné de plaisir. Il nous invite,
par ce puissant attrait, à pourvoir aux
vrais besoins du corps. Le plaisir croît
à proportion que le besoin est plus pres-
sant, & que l'intérêt de la société se
trouve mêlé avec l'intérêt personnel.

Mais se livre-t-on sans choix & sans
retenue au plaisir ? il devient bientôt une
source d'amertume & de repentir : l'é-
puisement & la satiété sont les suites les
plus douces que nous puissions attendre.

Un discours fort connu sur *la nature
du plaisir*, nous offre des vérités intéressantes, embellies des couleurs de la
poésie ; mais la morale n'en est pas toujours irrépréhensible. Il seroit dangéreux
de prendre tout à la lettre & sans user
d'une sage restriction.

M. de Volt. Sur les pas de Calvin, ce fou sombre & sévère,

Croit que Dieu, comme lui, n'agit qu'avec colere.
Je crois voir d'un Tyran le Miniftre abhoré,
D'Efclaves qu'il a faits triftement entouré,
Dictant d'un air hideux fes volontés finiftres.
Je cherche un Roi plus doux, & de plus doux
    Miniftres.
Timon fe croit parfait depuis qu'il n'aime rien.
Il faut que l'on foit homme, afin d'être Chrétien.
Je fuis homme, & d'un Dieu je chéris la
    clémence.
Mortels venez à lui, mais par reconnoiffance.
La Nature attentive à remplir vos defirs,
Vous appelle à ce Dieu par la voix des plaifirs.
Nul encor n'a chanté fa bonté toute entiere.
Par le feul mouvement il conduit la matiere,
Mais c'eft par le plaifir qu'il conduit les humains.
. . . .
Par-tout d'un Dieu clément la bonté falutaire
Attache à vos plaifirs un plaifir néceffaire :
Les Mortels en un mot n'ont point d'autre
    moteur.

Rien de plus judicieux & de plus
mefuré que les vers que nous allons
encore citer.

Le Ciel nous fit un cœur, il lui faut des defirs...
E iij

> Stoïques abufés,
> Vous voulez changer l'homme & vous le dé-
>   truifez.
> Ufez, n'abufez point, le Sage ainfi l'ordonne.
> Je fuis également Epictete & Pétrone.
> L'abftinence ou l'excès ne fit jamais d'heureux.
> Je ne conclus donc pas, Orateur dangereux ;
> Qu'il faut lâcher la bride aux paffions humaines.
> De ce courfier fougueux je veux tenir les rênes.
> Je veux que ce torrent, par un heureux fecours,
> Sans inonder nos champs, les abreuve en fon
>   cours.
> Vents épurez les airs & foufflez fans tempêtes.
> Soleil, fans nous brûler, marche & luis fur nos
>   têtes.

Il eft de la plus grande conféquence pour le Bonheur, ainfi que pour la vertu, de fe rendre attentif à la voix des plaifirs, qu'on nous repréfente ici comme la voix qu'emprunte la Divinité pour parler aux humains. Il faut bien diftinguer la voix des plaifirs innocens, & que nous offre en effet *d'un Dieu clément la bonté falu-taire*, d'avec la voix perfide des Sirènes, contre lefquelles la fageffe même du Paganifme nous crie de nous prémunir.

Qui peut ignorer que la voix des plaisirs ne nous appelle pas toujours à Dieu, que souvent ce Juge suprême & redoutable fait entendre à nos cœurs une voix bien différente, que *les mortels en un mot ont un autre moteur ?* Il ne faut pas confondre avec l'appas du plaisir l'attrait du Bonheur, qui effectivement nous accompagne & nous meut dans tous les lieux & dans tous les temps. Il n'est pas rare que la voix austere du devoir & la voix enchanteresse du plaisir nous appellent en des lieux tout opposés. Mais le sentier étroit & escarpé du premier aboutit toujours au Bonheur, tandis que les chemins rians & fleuris des plaisirs en éloignent quelquefois pour jamais.

Prétendre que le plaisir est le seul ressort qui remue le cœur humain, & par conséquent un ressort nécessairement victorieux, c'est sapper, pour ne pas employer les armes que fournit la Théologie, c'est sapper la morale par les fondemens, dépouiller l'homme de son plus beau privilége, la liberté : c'eſt ôter aux loix toute leur énergie, taxer tous les Légiſlateurs de folie ou de tyrannie ; c'eſt confondre le vice & la vertu, ouvrir la porte à tous les déſordres, étouffer juſqu'au remords & à la honte, les ſeuls freins & les ſeuls ſupplices qui puiſſent arrêter le crime caché ou triomphant, le venger ou l'effacer.

Mais ſans doute il ne faut pas preſſer rigoureuſement une ſaillie poétique, comme un dogme réfléchi d'un Philoſophe. Et quel eſt le Philoſophe, quel eſt même le Poëte qui ne convienne que nous devons apporter le plus grand diſcernement dans le choix & la meſure des plaiſirs ? Sans quoi, loin d'être le Bonheur même, comme on ſe l'imagine, ils y nuiſent plus ſouvent qu'ils n'y contribuent. Ce ſont des biens, mais fort équivoques : ils demeurent biens pour le Sage qui ſçait en uſer, ils ſe tournent

en maux pour tout autre qui en abuſe.
L'illuſtre Ecrivain que je viens de citer,
s'explique lui-même ou ſe réforme ailleurs. Le lecteur me ſçaura gré de lui
mettre encore ſous les yeux un morceau
de cette poéſie légere & harmonieuſe,
qui devient, il faut en convenir, de jour
en jour plus rare parmi nous.

Les plaiſirs ſont les fleurs que notre divin Maître
Dans les ronces du monde autour de nous fit
   naître.
Chacune a ſa ſaiſon ; & par des ſoins prudens,
On peut en conſerver dans l'hiver de nos ans.
Mais s'il faut les cueillir, c'eſt d'une main légere :
On flétrit aiſément leur beauté paſſagere.
N'offrez pas à vos ſens, de molleſſe accablés,
Tous les parfums de Flore à la fois exhalés.
Il ne faut point tout voir, tout ſentir, tout en-
   tendre.
Quittons les voluptés, pour ſçavoir les reprendre.
Le travail eſt ſouvent le pere du plaiſir.
Je plains l'homme accablé du poids de ſon loiſir.
Tout vouloir eſt d'un fou, l'excès eſt ſon par-
   tage.
La modération eſt le tréſor du Sage.

Diſcours 4ᵉ de la Modération.

Il faut régler ſes goûts, ſes travaux, ſes plaiſirs,
Mettre un but à ſa courſe, un terme à ſes deſirs.

Manuel.
Maxime 60e.

Epictete , avec ſon laconiſme ordinaire, nous donne un excellent conſeil : mais qui aura le courage de le pratiquer ? *Si l'imagination vous invite fortement à la volupté , prenez du temps pour réfléchir : comparez avec le temps de la jouiſſance celui du remords & du repentir qui la ſuivent de près. Oppoſez à cette courte ivreſſe la douce & durable ſatisfaction que vous éprouverez d'y avoir réſiſté.* Après cela choiſiſſez la volupté, ſi vous l'oſez.

La premiere qualité indiſpenſable des plaiſirs, pour qu'ils puiſſent entrer dans les élémens du Bonheur , c'eſt qu'ils ſoient innocens, que la raiſon les conſeille , que la Religion les permette, que la tempérance en regle & le nombre, & la vivacité & la durée.

Le plaiſir du corps, quelque enchanteur qu'on le ſuppoſe, peut-il rendre heureux celui dont il ſouille & avilit l'ame, &

qui eſt forcé de ſe le reprocher à lui-
même, à moins qu'il ne ſoit parvenu à
s'abrutir ? Peut-il rendre heureux, lorſ-
qu'après une jouiſſance d'autant plus
courte qu'elle fut plus vive, il n'en reſte
que la honte de s'y être abandonné, le
regret d'avoir troublé l'ordre de la ſociété, manqué à des engagemens ſacrés, de
s'être prévalu de la foibleſſe & de l'égarement de la paſſion ? Si le voluptueux
n'a pu ſecouer le joug de la Religion,
elle le déchire par le remords, elle
l'effraye par ce qu'elle lui laiſſe entrevoir
à la lueur de ſon flambeau ; & s'il avoit
pu dire non-ſeulement dans ſon cœur,
mais dans ſon eſprit, *il n'eſt point de
Dieu vengeur ni rémunérateur*, cette monſ-
trueuſe ſtupidité mettroit le comble à ſa
honte & à ſon infortune, qui feroit dès-
lors ſans reſſource.

Quelque légitime même que puiſſe être
le plaiſir, il n'eſt pas moins néceſſaire de
le renfermer dans de juſtes bornes. L'en-

nui d'être toujours dans les plaisirs devient enfin le plus insupportable de tous:
rien de plus difficile que de réveiller un
goût émoussé, de ranimer un cœur épui-
sé. « Tout l'art, dit judicieusement le
» Philosophe de Genève, qu'employe
» une âme sage, pour donner du prix aux
» moindres choses, c'est de les refuser
» vingt fois pour en jouir ; & c'est ainsi
» qu'elle conserve toujours son premier
» ressort ; que son goût ne s'use point ;
» & qu'en accoutumant sans cesse ses
» passions à l'obéissance & ses desirs à
» plier sous la regle, elle reste maîtresse
» d'elle - même, qu'elle est heureuse.
» S'abstenir pour jouir, c'est la philoso-
» phie du Sage, c'est l'épicuréisme de
» la raison. Si un jour de satiété vous ôte
» un an de jouissance, c'est une mauvaise
» philosophie d'aller toujours jusqu'où
» le desir nous mène. . . . . . . Prévenir
» toujours les desirs, n'est pas l'art de
» les contenter, mais de les éteindre ».

Les éteindre! si du moins les excès de la volupté se terminoient là. Mais qui peut ignorer les suites funestes qu'ils entraînent trop souvent après eux? des infirmités & des douleurs incurables pour des plaisirs momentanées; une vieillesse prématurée & aussi honteuse que celle qui couronne une longue suite d'années & de travaux utiles à la Patrie, est douce & vénérable.

Mais du moins est-on heureux, tandis qu'on s'abandonne à la volupté? Eh! quel Bonheur pour l'homme que celui dont se trouve exclue la partie la plus noble de son être! Quel Bonheur qui en suspend ou en trouble toutes les fonctions, qui ne pourroit le contenter & le fixer, à moins qu'il ne fût confondu avec la bête! Le Bonheur est un état conforme à la Nature, un état stable, que ne peuvent altérer ni la crainte ni le trouble, que la honte ni le repentir ne suivent jamais.

Mais comment un si grand nombre

d'hommes courent-ils après les plaisirs,
fi le Bonheur ne s'y trouve pas? c'est
qu'il n'y a que le très-petit nombre qui
mérite de connoître & de fentir qu'on
ne peut trouver le Bonheur qu'en jouif-
fant de foi-même,& en cultivant les fruits
de toutes les vertus. Dans un fiecle, où
l'on voit chaque jour éclore de nouveaux
effaims de Philofophes, qui, après avoir
brifé les fers de tous les préjugés anti-
ques, fe glorifient de prendre un vol
fublime, d'où ils apperçoivent à peine la
terre & le peuple fuperftitieux qui s'y
traîne, il eft trifte qu'on ne puiffe fe
diffimuler que prefque tous néanmoins
efclaves des fens, & concentrés dans
la fphère étroite des plus vulgaires
paffions, ne font effectivement remués
& chatouillés que par les amorces de l'intérêt & de la volupté.

Mais auffi trouva-t-on jamais pármi
eux un feul heureux; parmi ceux-même
qui, placés à la fource des plaifirs, s'en

abreuvent à longs traits ? Nous le voyons tous les jours, la soif qui fait leur tourment, s'allume à mesure qu'ils s'efforcent de l'éteindre. Tel est l'effet nécessaire de l'excès dans les plaisirs : trop souvent répétés, ils ont deux inconvéniens également inévitables. » Ils changent de natu- M. Rousseau.
» re, en se tournant en habitude ; ils
» cessent d'être plaisirs, & deviennent
» besoins : c'est à la fois une chaîne qu'on
» se donne & une jouissance dont on se
» prive «.

Tout particulier, ne fût-il qu'un sage Epicurien, sera donc aussi modéré dans l'usage des plaisirs que circonspect dans le choix. L'homme d'Etat les prodiguera en quelque sorte par-tout où une foule de citoyens & d'étrangers oisifs & embarrassés du fardeau du temps s'en procureroient infailliblement, qui pourroient intéresser le repos des familles, la pureté des mœurs, la sûreté même du gouvernement. « Dans une grande ville, pleine M. Rousseau.

» de gens défœuvrés , fans religion, fans
» principes..... la police ne fçauroit trop
» multiplier les plaifirs permis , ni trop
» s'appliquer à les rendre agréables, pour
» ôter aux particuliers la tentation de
» s'en procurer de plus dangereux ».

L'homme d'Etat fera quelquefois averti par les circonftances de porter l'indulgence plus loin. Il fe doit à tous , & fon but n'eft pas de procurer le plus grand bien idéal de la République , en extirpant fans exception tous les maux & tous les défordres. C'eft la chimere de la politique : elle ne lui fera point prendre le change. Il fe borne à embraffer dans fes vues le bien poffible , & il fçait le tirer du fein même du mal & de l'abus qu'il n'autorife jamais, mais qu'il tolère prudemment, lorfque la force de l'habitude, l'influence des caufes phyfiques ou morales lui apprennent qu'il feroit téméraire d'entreprendre de les déraciner , & dangereux d'y réuffir.

Le

Le citoyen vertueux, & digne de trouver le Bonheur que nous cherchons ici, plein d'indulgence pour les autres, n'usera jamais pour lui de cette tolérance forcée : il aura dans lui-même, dans son état, dans la pratique de ses devoirs, des ressources aussi sûres qu'honorables. Mais ne prévenons pas ce que nous avons à dire là-dessus. Nous avons tâché de ne rien outrer dans le compte que nous avons rendu des plaisirs des sens. Renfermés dans de justes bornes, ils ne font pas inutiles pour le Bonheur, quoique jamais ils ne puissent en faire la base. En user modérément, c'est entrer dans les vues de l'Auteur de la Nature, dont la main compatissante les a versés si libéralement sur notre triste demeure. Pris à propos, ils contribuent à réparer & à remonter les ressorts de notre machine, à jetter de l'agrément & de la variété dans le commerce de la vie, à suspendre pour quelques instans le cours des travaux & des foucis, à dérider le front de la vertu qui paroîtroit trop auftere, & rebuteroit à coup fûr la jeuneffe & l'enfance. Et prefque tous les hommes ne font-ils pas un peu enfans à cet égard ?

Le flambeau de la raifon nous éclaire pour choifir les plaifirs, les compter & les refufer. La faine Philofophie, appuyée de l'expérience de tous les fiécles, nous apprend que l'excès en eft auffi nuifible au Bonheur que la privation totale en eft impratiquable. Ils font indignes de l'homme, fi la raifon ne les avoue point : ils acquierent un tout autre prix, quand elle a l'art de les fortifier & de les relever par les nobles & folides plaifirs de l'ame & de l'efprit.

SECTION V.

Comment peuvent contribuer au BONHEUR

les plaisirs de l'esprit & des Lettres ?

LES plaisirs des sens suffisent à qui n'a que des sens. L'être raisonnable se dégraderoit, s'il vouloit s'y borner : il se dégraderoit en pure perte. Ils peuvent l'étourdir & l'enivrer, jamais le fixer ni le raffasier : ils ne peuvent fournir qu'aux besoins les plus groffiers. Eux-mêmes, non-feulement groffiers, non-feulement fugitifs comme un vain fonge, mais bientôt infipides, fatiguans, pernicieux, s'ils font pouffés trop loin, s'ils reviennent trop fréquemment ; pour les épurer, pour leur donner & de la délicateffe & de la folidité, pour les rendre dignes de l'homme, il faut les affocier aux plaisirs de l'esprit & du cœur. C'est alors que s'annobliffant, fe fpiritualifant en quelque forte, ils méritent d'être recherchés par les ames du premier ordre, & d'entrer dans la composition de la solide volupté.

Les plaisirs même de la table au milieu de ses amis, dans une société choisie, changent de nature. O nuits délicieuses, soupers des Dieux, s'écrioit Horace ! L'expression n'est pas outrée : elle ne fait que rendre le sentiment qui le transportoit, lorsque Mécène venoit se placer entre Virgile & lui.

Térence assis à côté de Scipion & de Lélius, n'auroit pas changé ses légumes contre nos festins les plus exquis. Et quel est le Sage ou le Héros qui n'eût ambitionné d'être des parties formées par ces illustres Républicains, les Cicérons, les Varrons, les Brutus, les Catons, les Atticus, les Lucullus; joignons-y celui qui triompha des trois parties du monde alors connu, & son Vainqueur. Mais nous n'avons pas besoin de recourir à des exemples étrangers; quels festins pour un homme de Lettres que ceux où se rassembloient ces Hommes bien dignes d'être amis, les admirateurs & les rivaux des Grecs & des Romains, de qui ils apprirent à les atteindre, & quelquefois à les devancer, Boileau, Molière, Racine, la Fontaine !

Quel charme d'entendre ces grands Maîtres, dont le coup-d'œil sûr & perçant embrassoit toute la sphère des Lettres, en démêloit les abus, en traçoit les routes, en marquoit les écueils, & fixoit à chacun son véritable rang ! la Fontaine même, muet à la table d'un Financier, où il se trouvoit déplacé, s'échauffoit, s'élevoit, quand il se trouvoit avec ses pairs ; & son ame insensible à tout-ce qui frappe le vulgaire des esprits, sortoit de son assoupissement, lorsqu'on lui proposoit un objet digne d'elle, ou qu'il s'agis-soit d'animer toute la Nature. Eh ! quel surcroît de plaisir de les entendre con-fondre, s'ils daignoient le faire, leurs

audacieux & ridicules cenfeurs, qui refufent à l'un le fentiment & l'efprit, à
l'autre la connoiſſance de la langue, à
celui-là le goût, à tous le mérite & le
ton de Philofophe ; mais qui prouvent
parfaitement une chofe, c'eſt qu'incapables de fentir ce qu'ils valent, ils font
indignes de les lire.

Nous les avons perdus ces Hommes
immortels & leurs rivaux, que je n'ai
pas befoin de nommer : mes Lecteurs
m'ont prévenu. La Nature femble s'être
épuifée à les produire. Peut-on fe flatter
de réparer jamais des pertes irréparables ?
mais ils ne font pas morts tout entiers : la
plus noble partie de ces grands Hommes
vit encore au milieu de nous : nous
pouvons les entendre, converfer nuit &
jour avec eux. Les flammes qui fortent,
fi je puis le dire, de leurs écrits, éclai-
rent, échauffent, embrafent quiconque
eſt né avec une étincelle du feu célefte
qui les animoit.

Quelles sources intarissables de délices,
de volupté pure & toujours nouvelle
dans les Ouvrages des illustres Ecrivains
du siècle de Louis XIV, des siècles
d'Auguste & d'Alexandre !

Je vois à leur tête le plus ancien, le
plus harmonieux & le plus sublime des
Poëtes, qui, pour enchanter l'esprit,
l'ame & l'oreille, a déployé les ressources
du génie le plus heureux, & prodigué les
trésors de la plus riche de toutes les langues. Du sujet le plus simple, quelle foule
d'évenemens il fait éclore, de tableaux,
de passions, de discours, de leçons tou-
chantes, de faits héroïques, de fictions
divines ! O colère d'Achille, que tu es
féconde en miracles ! Quelle variété,
quelle énergie, quelle vigueur & quel
intérêt dans les caracteres ! quel feu, qui
va toujours croissant ! quelle magie de
Poésie ! quel torrent égale la rapidité de
sa course ! Par-tout la Nature, la Nature
toujours belle de sa propre beauté, &

dédaignant les fauſſes couleurs de l'art.
Par-tout il remue, il ſaiſit, il tranſporte,
il ſuſpend du moins pour quelques inſtans
le ſentiment des ſoucis & des peines de
la triſte humanité. Mais c'eſt aux grands
hommes à louer les grands hommes.

Rouſſeau, l.
3 , Ode à
Malherbe.

> A la ſource d'Hippocrène
> Homère ouvrant ſes rameaux,
> S'élève comme un vieux chêne
> Entre de jeunes ormeaux.
> Les ſavantes immortelles,
> Tous les jours de fleurs nouvelles
> Ont ſoin de parer ſon front;
> Et, par leur commun ſuffrage,
> Avec elles il partage
> Le ſceptre du double Mont.

Le Légiſlateur du Parnaſſe avoit dit
avant Rouſſeau :

Art Poétiq.
ch. 3.

> On diroit que pour plaire, inſtruit par la
>   Nature,
> Homère ait à Vénus dérobé ſa ceinture.
> Son Livre eſt d'agrémens un fertile tréſor :
> Tout ce qu'il a touché ſe convertit en or.
> Tout reçoit dans ſes mains une nouvelle grace ;

Par-tout il divertit & jamais il ne lasse.
Une heureuse chaleur anime ses discours ;
Il ne s'égare point en de trop longs détours.
Sans garder dans ses vers un ordre métho-
    dique,
Son sujet de soi-même & s'arrange & s'ex-
    plique.
Tout, sans faire d'apprêts, s'y prépare aisé-
    ment.
Chaque vers, chaque mot court à l'évenement.
Aimez donc ses écrits, mais d'un amour sincere.
C'est avoir profité que de savoir s'y plaire.

Après Homère, je vois dans tous les genres des Ecrivains qui ont sçu réunir tous les suffrages, en réunissant le double mérite d'instruire & de plaire. Les uns, par une ingénieuse & fidèle peinture des mœurs & des ridicules, ouvrent aux accès de la joie les cœurs les plus serrés ; les autres, en donnant à des malheurs feints les couleurs de la vérité, en ressuscitant, par le charme de l'art, les Héros & les Princes, dont ils étalent sur la scène les catastrophes, vous font éprouver, en vous faifant frémir, les plus vifs & les plus doux tranfports, vous inondent de larmes plus délicieufes que les ris. Celui-ci vous amufe par des chants, qui n'ont d'autre défaut que de refpirer trop vivement les plaifirs & l'amour. Celui-là, par les fons fublimes de fa lyre, vous éleve jufque dans les cieux.

Le Père de l'Hiftoire, par la douceur & les graces inimitables de fa narration, ravit d'admiration les plus excellens Juges qui furent jamais, la Grèce affemblée aux Jeux Olympiques. Le digne Emule d'Hérodote, par la vigueur & la majefté de fon ftyle, femble avoir voulu s'égaler aux Héros dont il nous a tranfmis les difcours & les exploits.

Platon fait parler à la Philofophie le langage des Graces, & l'embellit des plus riches ornemens de la Poéfie. Démofthène emprunte de la Dialectique fon arme invincible, & lance tous les foudres de l'éloquence.

Si d'Athènes nous passons à Rome, nous verrons que les Vainqueurs des Grecs ne leur enlevent pas, il est vrai, mais partagent encore avec eux les lauriers d'Apollon. Nous admirerons des ouvrages qui feront les délices des esprits, tant que le goût du beau & du grand, tant que l'amour du vrai régnera sur la terre. Trois Hommes sur-tout frappent mes regards. Ils semblent seuls vouloir lutter contre cette foule de Héros de la Littérature, auxquels la Grèce se vante d'avoir donné le jour : ils ont la gloire de partager les suffrages, & de laisser la victoire indécise.

Le premier tout ensemble le Prince des Philosophes, le modèle des Orateurs, le maître des Rhéteurs, que n'a-t-il pas traité ? & tout ce qu'il traite, il l'éclaire, l'aprofondit, l'embellit : il fait tomber la plume des mains à tous ceux qui auroient voulu s'essayer sur de pareils sujets. En le décomposant, si je puis ainsi m'exprimer, on trouve en lui plusieurs hommes fort différens, & quels hommes ! un Platon, un Aristote, un Isocrate, un Eschine, un Démosthène, un Denys d'Halicarnasse, un Longin......

Horace a répété pour les Muses romaines les merveilles que Cicéron avoit prodiguées pour la prose. Par une souplesse & par une fécondité de génie admirable, il déploie tour à tour les talens & les caractères qui distinguent les plus fameux Poëtes de la Grèce, la force d'Archiloque, la noblesse d'Alcée, les graces d'Anacréon, le sentiment de Simonide, la passion de Sapho, l'enthousiasme même & le sublime désordre de Pindare. Il porte le premier les cadences grecques sur la lyre latine ; & dans un genre inconnu aux Grecs, il s'éleve au-dessus de l'Inventeur, qu'il fait oublier. Il mérite de devenir le Législateur de son art, & d'en être lui-même regardé comme la règle.

Je ne puis me refuser au plaisir de

copier le portrait que trace d'Horace un de ses plus illustres imitateurs: il n'est que d'un trait, & il est achevé.

> Non moins brillant, quoique sans étincelle,
> Le seul Horace en tous genres excelle.
> De Citherée exalte les faveurs,
> Chante les Dieux, les Héros, les Buveurs,
> Des sots Auteurs berne les vers ineptes,
> Nous instruisant par gracieux préceptes,
> Et par sermons de joie antidotés.

Rousseau,
Liv. 1, Ep. 3.

Prenant un essor encore plus audacieux, Virgile, après avoir embouché le simple chalumeau, chanté les jeux & les amours des Bergers, les dons de Cérès, de Pomone & de Bacchus & la république des abeilles, aussi naturel & aussi harmonieux, mais plus relevé que Théocrite ; maître des Laboureurs, aussi instruit & bien plus aimable qu'Hésiode; rival d'Homère, il fait tout à coup retentir la trompette héroïque, chante la catastrophe de Troie & l'infortune de Didon, prophétise les hautes destinées de Rome.

Art. Poétiq.
ch. 3.

De Styx & d'Achéron *il peint* les noirs torrens,
Et déja les Céfars dans l'Elifée errans.

Moins grand, moins hardi, moins rapide que fon modèle, plus régulier, plus fage, plus égal; avec moins de beautés peut-être, mais avec moins de défauts. L'Iliade paroît le chef-d'œuvre de la nature & du génie tout pur, l'Enéïde celui de l'art & du goût. Tous deux allant enfemble à l'immortalité, préfenteront à jamais aux hommes, avec plus de fuccès que le Portique & le Lycée, les leçons les plus utiles & les plus frappantes, cachées fous l'appas du plaifir & fous l'écorce de la fiction. Roufleau dit, après Horace :

Liv. 2. Ode
2.

> Le Chantre d'Agamemnon
> Sut nous tracer, dans fon Livre,
> Mieux que Chryfipe & que Zénon,
> Le chemin que nous devons fuivre.
> Homère adoucit mes mœurs
> Par fes riantes images :
> Sénèque aigrit mes humeurs
> Par fes préceptes fauvages.

Il vaut mieux ne rien dire que de ne
dire qu'un mot de tant d'Ecrivains de
la belle Antiquité, où l'on trouve réunis

> La folide volupté,
> Le vrai, l'honnête & l'utile ;

de Xénophon, qui mérita la triple couronne de Guerrier, de Philofophe &
d'Hiftorien ; de Plutarque, le plus intéreffant & le plus utile des Hiftoriens ; de
Tite-Live, le plus éloquent & le plus
majeftueux ; de Polybe, le plus inftruit
& le plus pénétrant ; de Sallufte, le plus
rapide ; de Tacite, le plus profond ; de
Céfar, qui écrivoit comme il combattoit ; de Pline, ce fçavant & fublime
Hiftorien de la Nature ; de Lucien, l'enjoué & ingénieux cenfeur des vices &
des ridicules, des Philofophes & des
Dieux ; du naïf & inimitable Catulle ; du
délicat & tendre Tibulle ; d'Ovide,

> Trop indulgent au feu de fon génie,
> Mais varié, tendre, plein d'harmonie,
> Riche en un mot, s'il étoit moins fécond ;

Ibid.

Rouffeau,
L. 1, Epit.

de Térence, qui excelle dans l'art de peindre & de faire parler ses personnages ; de Plaute, qui a le génie de les faire agir ; de Phédre, qui à la faveur du voile transparent de la Fable, fixe l'attention de l'enfance, instruit en riant tous les âges & toutes les conditions.

Quels hommes ! quelle société ! Qui sait en jouir, ne sera pas tenté de leur préférer ni cette foule, ni ces cotteries d'hommes sans principes, sans caractere, sans consistance dans l'ame, sans ressources même dans l'esprit, ou dans qui l'esprit de parti semble avoir éteint toutes les lumieres, étouffé ou dénaturé tous les sentimens.

Pour ceux d'entre nous que l'ignorance des langues étrangeres priveroit de ce commerce délicieux, & qui ne voudroient pas s'en rapporter à la fidélité ou à la sagacité des interprètes, ils ont, sans sortir de chez eux, un nombre suffisant d'illustres Ecrivains dans tous les genres,

genres, qui fe font formés fur les plus
célèbres des Anciens, & ont mérité de
fervir eux-mêmes de modèles à tous les
âges & à toutes les Nations. Bornons-
nous donc ici à nos compatriotes ; &,
fans remonter au-delà du fiècle d'or de
notre Littérature , du fiècle de Louis
XIV, qu'on peut, fans préfomption,
mettre en parallèle avec les fiècles d'A-
lexandre & d'Augufte, que de talens,
que de génies fublimes ou naïfs, aufteres
ou rians, tendres ou hardis, délicats ou
impétueux, s'offrent à nos regards ! Celui qui tient le premier fceptre de la fcène,
eft ce génie extraordinaire, qui fit quelque chofe de plus étonnant peut-être &
de plus difficile que de créer parmi nous
le théâtre. Il le tira du chaos où il étoit
enfeveli & de l'indécence qui le défigu-
roit : il ofa fronder la maniere de tous
les Auteurs dramatiques de fon temps,
entreprit de donner au Public même un
goût nouveau, & porta tout d'un coup

à fa perfection un genre de tragique inconnu à l'Antiquité, ce genre fublime
dont il eft l'inventeur, & qui n'a pas
même befoin de l'illufion du théâtre
pour produire le plus grand effet, pour
ravir l'admiration.

A la faveur du flambeau que Corneille
vient d'allumer, & des modèles que lui
offre la Grèce, Racine s'ouvre une route
nouvelle. S'il n'étonne, s'il ne maîtrife
pas l'efprit comme Corneille, il fçait
toujours intéreffer & échauffer le cœur,
quelquefois le déchirer. Ou banniffons
l'amour de la fcène, ou allons apprendre
de Racine à le peindre des couleurs
dignes de la Tragédie. C'eft chez lui,
plus que par-tout ailleurs, qu'il faut
étudier & admirer la perfection & la
magie du langage des Dieux. Il ne difpute pas au grand Corneille le trône qui
lui eft fi légitimement dû; mais il vient,
invité par l'acclamation publique,
s'affeoir à côté de lui. L'un paroît tenir

plus de Sophocle; l'autre reſſemble davantage à Euripide : tous deux ſouve-
rains de la ſcène françoiſe ; balanceront
à jamais les ſuffrages, & feront les délices de nos derniers neveux.

Notre ſiècle a produit deux Rivaux
dignes d'eux, qui ont parcouru cette
périlleuſe carrière au milieu des pleurs
& des frémiſſemens de la France aſſem-
blée & des Nations étrangeres. Là poſtérité marquera leur rang. Le premier,
plus auſtere, plus ſombre & plus hardi,
génie vraiment tragique, né pour retra-
cer les horreurs d'Atrée & de Thyeſte :
le ſecond, plus varié, plus touchant,
plus correct & plus harmonieux, Poëte
& Philoſophe ; que n'eſt-il pas ? Jamais
homme n'étala tant de talens divers,
n'ambitionna de réunir tant de titres à
l'immortalité : mais n'eût-il que fait
parler la tendreſſe & les alarmes de
Mérope, il étoit encore immortel.

Plus étonnant que ces grands Maîtres,

puisque jusqu'ici il est inimitable, Molière règne seul sur la scène comique ; & même les partisans éclairés de l'Antiquité, n'ont à lui opposer que Ménandre, dont il ne reste que le nom ~~Ménandre~~. Quoi qu'en dise Boileau, trop sévère ici, *Molière a remporté le prix de son art*, ou le prix n'est pas encore donné. Il eut au plus haut degré le plus rare des talens : il fit rire toute la France pendant sa vie, & la corrigea, en riant, des ridicules de son siècle. Il amuse & instruit à présent tous les Peuples, où les beaux Arts ont pénétré. Que pourroit-on lui reprocher, s'il eût été moins ami & moins dépendant du Peuple, & que la liberté de son pinceau n'alarmât jamais la timide pudeur ?

Non moins enjoué, ni moins unique en son genre, la Fontaine n'a pu éviter cet écueil : mais qu'il est enchanteur, lorsqu'il fait venir toute la Nature sur la scène, qu'il fait à nos yeux vivre, agir

Voy. l'Art Poét. ch. 3.

& parler les animaux, les plantes, les
êtres les plus infenfibles ! La fageffe, qui
emprunte l'organe des Philofophes de
cette efpece, fe dépouille de ce qu'ailleurs elle femble avoir de pédantefque
& de rebutant : elle fe met à la portée
de tous les efprits & de tous les âges.
L'efprit le plus groffier la conçoit fans
étude : le plus fublime l'admire. L'enfance s'inftruit en riant ; la vieilleffe fe
déride en s'inftruifant. Mais qui a donc
pu lui apprendre fi parfaitement le langage, les mœurs, jufqu'aux nuances les
plus fines du caractère de tous ces êtres,
qui, pour des yeux vulgaires, n'en ont
point ? Cependant (ne craignons pas de
le dire, la gloire d'un fi grand homme
ne peut fouffrir de ce généreux aveu)
lui-même il s'accufa de s'être effayé dans
trop de genres, d'avoir été *papillon du*
Parnaffe, volage en vers comme en amours.
Sans doute fes ouvrages feroient plus
achevés :

Difcours à
Madame de
la Sabliere.

G iij

Il eût été plus haut au Temple de mémoire,
Si dans un genre seul il eût usé ses jours.

Mais par-tout vous le reconnoiffez à
des traits d'une négligence aimable, bien
supérieure au brillant de nos beaux esprits & à la froide correction de ces
Puriftes, pour qui Tacite femble avoir
dit : *plutôt sans défauts qu'avec des vertus.*
Par-tout vous reconnoiffez cette naïveté
fublime, ce génie original, qui femble
n'avoir reçu de leçons que de la Nature,
& qui fera toujours le défefpoir de l'art.
La Nature & l'Art concoururent à
former Boileau, à lui faire *paffer Juvénal*
& atteindre Horace. Il connut fon talent &
fut s'y renfermer : en imitant, en homme
de génie, les grands modèles de l'Antiquité, il mérita de devenir lui-même un
modèle pour les fiècles à venir. Soit qu'il
foudroie le mauvais goût, ou qu'il offre
un encens légitime à l'Augufte de la
France, foit qu'il dicte les préceptes de
fon art, qu'il crée un Poëme d'un genre

La Bruyere.

nouveau, qu'il déploie toutes les richesses de la Poésie pour un Lutrin; il est
toujours judicieux, intéressant, correct,
élégant, harmonieux, toujours vrai : il
sçait s'élever & s'abaisser à propos,
prendre tour à tour les tons qui conviennent à son sujet, *passer*, comme il
s'exprime, *du grave au doux, du plaisant
au sévère* ; & sur-tout toujours *avec la
rime enchaîner la raison*. Après avoir feuil-
leté nuit & jour ses écrits, on y revient
sans cesse avec un plaisir toujours nouveau. Et voilà, ce me semble, le caractère distinctif & jamais trompeur des
seuls excellens écrits, qui dès leur naif-
sance,

> A grands pas chez la postérité,
> Courent marqués au coin de l'immortalité.

Boil. Ep. 10.

Ses vers, qui renferment en peu de
mots un grand sens, un principe lumineux de Littérature ou de Morale, méritent de devenir proverbes & maximes
dans notre langue & dans les langues

étrangeres. Lui refufer non-feulement le
fentiment, mais le génie, l'imagination,
l'efprit, ne lui accorder que le mérite
de copifte & de verfificateur, c'eft prouver qu'on ne l'a pas lu, où qu'on n'éft
pas capable de l'entendre ; c'eft fe montrer digne de préférer le clinquant de
Lucain & de Sénèque, la fougue de
Juvénal, quelquefois fublime il eft vrai,
à l'or de Virgile & de Cicéron, à la
fineffe & au goût toujours exquis d'Horace.

Quoique nous n'ayons deffein de parler que de ces Ecrivains du premier
ordre, qui font les délices de tous les
bons efprits ; nous fommes obligés d'en
paffer plufieurs, pour ne pas trop nous
étendre. Mais je ne puis taire ce grand
Homme, dont la Bruyère a tracé un
portrait fi vrai pendant fa vie, qu'il n'y
a rien à en retrancher après fa mort,
» qu'on admire malgré foi, qui accable
» par le grand nombre & par l'éminence

» de ſes talens, Orateur, Hiſtorien,
» Théologien, Philoſophe, d'une rare
» érudition, d'une plus rare éloquence,
» un défenſeur de la Religion, une lu-
» miere de l'Egliſe, parlons d'avance le
» langage de la poſtérité, un Père de
» l'Egliſe ».

Et le rival de *l'Aigle de Meaux*, *le Cygne de Cambrai*, Fénelon, moins profond, moins élevé, moins nerveux, moins rapide, moins admirable ; plus doux, plus délicat, plus touchant, plus enchanteur, plus aimable, plus grand vaincu que Boſſuet vainqueur : ſes mœurs, ſes ſentimens, ſon ame, cette ame ſi belle reſpire toute entière dans ſes ouvrages, dans le Télémaque, ce chef-d'œuvre d'imagination & de goût, de politique & de morale, Roman inimitable, où toutes les beautés de l'Antiquité ſont réunies, où ſont étalées toutes les richeſſes de la langue françoiſe, pour faire aimer la vertu & adorer la Divinité, pour former des Princes parfaits, pour faire le Bonheur de tous les peuples & de tous les siècles.

Et Bourdaloue, cet Orateur digne d'annoncer les oracles de la Religion au plus grand Roi de la Terre, qui sçut la rendre respectable à l'impie & à l'incrédule, qui porta dans la chaire tout l'art dont elle est susceptible, y jetta une force & une profondeur de raisonnement inconnue avant lui, & qu'on n'a pu atteindre depuis lui. Il osa censurer avec toute la liberté de son ministère, sans satyre & sans personnalité : il eut le talent de louer sans bassesse & sans adulation. La mort & le temps n'ont fait qu'ajouter un nouvel éclat à son nom & à ses ouvrages immortels. Eminent dans tous les genres qu'il a embrassés, il sera regardé à jamais comme le Docteur de la Religion, le maître de la Morale, le modèle des Panégyristes & des Saints & des Héros.

Il eſt ſuivi d'un Orateur qui n'eſt ni ſon imitateur ni ſon égal, mais qui par les charmes du ſtyle, par la délicateſſe des penſées, le coloris de l'imagination, la chaleur du ſentiment, ne s'aſſure guere moins de ſuffrages que l'élévation de l'eſprit & la ſupériorité de raiſonnement n'en avoient gagné à celui qui paſſe, à juſte titre, pour le créateur de l'élo-quence de la Chaire.

Le génie dans ce beau ſiècle s'étend à tout. Le Théophraſte de la France a effacé celui de la Grèce. On peut lui appliquer ce qu'il dit lui-même de Boſſuet & de Bourdaloue. *Il a eu le deſtin des grands modeles : il a fait de mauvais copiſtes & de mauvais cenſeurs : il a eu même d'ingé-nieux imitateurs ; il n'a point de rival.*

Je ne parle que de ſes ſucceſſeurs. Son illuſtre Précurſeur n'a pas beſoin de mes éloges. Avec la préciſion de Perſe, ſans en avoir l'obſcurité, *les Réflexions Mo-rales* enferment moins de mots que de

La Bruyere, ch. 15. de la Chaire.

fens. Ce petit Livre d'or, dans la balance du Dieu du goût, pefe plus que tous les *in-folio*. Le premier Peintre du cœur, par la fagacité, la délicateffe & la profonfondeur, pourquoi la Rochefoucault n'a-t-il fait que la fatyre de l'homme ? Un fi beau génie étoit digne de croire à la vertu, & de crayonner ce petit nombre d'ames fublimes, affranchies par la Nature & par la Religion des foibleffes vulgaires qu'il a vues par-tout.

Il n'eft pas jufqu'à l'image de la converfation, jufqu'à des lettres écrites fans art & fans deffein, qui n'aient mérité de paffer à la poftérité. Sévigné, dont l'efprit & le cœur font également étonnans, également inépuifables, fait parler continuellement la tendreffe maternelle, fans nous laffer, fans prefque fe répéter. Les fujets les plus arides s'embelliffent fous fa plume ; les plus petites chofes s'annobliffent, les plus grandes s'abaiffent, fans effort à la familiarité du ftyle épiftolaire, pour en recevoir des graces qu'elles ne fembloient pas comporter. Prefque toujours l'organe de la raifon & du goût, que n'a-t-elle pu fe préferver de l'efprit de parti ? Et comment l'admiratrice éclairée de Corneille n'a-t-elle pas fenti tout le mérite de l'Auteur d'Athalie ?

Finiffons par cet Homme illuftre, dont le fiècle de Louis XIV & le nôtre s'honorent à la fois. Il a excellé prefque également dans tous les genres qu'il a traités, fi l'on excepte l'Art dramatique. Regardé, à jufte titre, comme le Prince de notre Poéfie lyrique, il efface Malherbe, il balance Horace, il atteint Pindare. David eft prefque auffi grand, auffi divin dans les Odes de Rouffeau que dans fa langue originale. Quelle verve, quel feu, quelle force, quelle fublimité, quelle richeffe & quelle harmonie ! Créateur de la cantate & de l'allégorie, il les a portées tout d'un coup à leur perfeftion : il a défefpéré tous ceux qui auroient ofé marcher dans cette carrière. Ses épigrammes, pleines de fel attique, fes épîtres, où brille un difcernement exquis, réuniffent l'agrément de la poéfie & l'aifance de la profe. *La mefure, pour enfermer tout ce qu'il veut dire, ne paroît jamais ni trop longue ni trop petite, & la rime d'elle-même vient fe placer au bout du vers.* Comment la France a-t-elle pu fe priver d'un de fes plus grands ornemens ? & s'il eft vrai qu'un fel trop âcre, un goût de terroir étranger fe fait fentir dans quelques-uns des derniers ouvrages de cet illuftre infortuné, c'eft à elle-même qu'elle doit l'imputer.

Boil. Art
Poét. ch. 2,
& Sat. 2.

Mettons enfin des bornes à une lifte que chacun peut remplir à fon gré. Quelles délices dans une fociété compofée des hommes les plus aimables & les plus fpirituels, raffemblés de tous les pays & de tous les fiècles, que vous pouvez aborder, quitter, retrouver à

toute heure toujours les mêmes, toujours difposés à fe prêter à tous vos defirs, à répondre à toutes vos demandes,
à faire évanoüir les ténèbres dont nous
fommes tous enveloppés ; fans avoir
jamais à craindre ni importunités, ni
dégoûts, ni retards, ni reproches, ni
caprices. Ce n'eft que la partie la plus
noble d'eux-mêmes qui leur furvit : ce
qu'ils avoient d'imparfait & de terreftre
s'eft éclipfé dans les ombres du tombeau.
L'étincelle de la Divinité brille pure, &
dégagée des vapeurs qui l'offufquoient.

O vous qui avez goûté les charmes
de la fociété de ces illuftres Morts, je
n'ai pas befoin de vous inviter à puifer
dans cette fource de voluptés qui vous
eft toujours ouverte : les jours ne suffi-
fent pas pour joüir de leur divin entre-
tien : les nuits coulent trop rapidement.
Et vous qui n'avez pas encore appris à
les connoître, ofez fufpendre pour quelques momens le cours de vos fatiguans

& tumultueux plaifirs. Venez effayer d'un genre nouveau de voluptés, qui n'ufent point le corps, qui ne fouillent point l'ame, dont l'ufage n'amène jamais ni la fatiété ni le repentir.

Parmi une foule d'avantages qui diftinguent les plaifirs de l'efprit, remarquons d'après Cicéron celui-ci; c'eft qu'ils conviennent à tous les âges, à tous les temps, à tous les lieux. Ce grand Homme a raffemblé en peu de mots tout ce qu'on peut dire à la louange des Lettres. Eh! qui pouvoit les mieux louer que celui qui les a le mieux connues, & qui leur a fait le plus d'honneur? » Les » Lettres nourriffent la jeuneffe, réjouif- » fent la vieilleffe, font un ornement » dans la profpérité, un afyle & une » confolation dans l'adverfité: elles » amufent chez foi, n'incommodent » nulle part: avec nous elles veillent, » elles voyagent, elles habitent la cam- » pagne ». Concluons avec l'Orateur Romain:

Romain : » Quand les Lettres & les
» Sciences ne procureroient pas une
» foule d'avantages & à la République
» & aux particuliers ; il est vrai néan-
» moins qu'elles auroient toujours un
» grand prix, par cela seul qu'elles nous
» offrent les délassemens & les plaisirs
» les plus doux & les plus honnêtes ».
Diversifiées à l'infini, il y en a de propres
pour les différens caractères d'esprit. Il
n'en est point qui n'ait de puissans attraits
pour ceux qui s'y livrent. On goûte des
délices à dévorer la sécheresse des langues, à arracher les épines de l'Algèbre,
à s'enfoncer dans les abymes du calcul.
L'exemple d'Archimède & de mille
autres prouve l'ascendant que prennent
sur nous les connoissances les plus ab-
straites, qui recèlent dans leur profondeur des douceurs secrettes pour leurs
favoris, tandis qu'aux yeux du vulgaire
elles ne présentent que la surface la
plus hérissée & l'aspect le plus rebutant.

H

Qui ne fçait combien a de charmes la culture des beaux Arts, qui font la fleur des connoiffances humaines ? Celles qui nous dévoilent les beautés & les fecrets de la Nature, quoique moins riantes & moins acceffibles, ne font pas moins attachantes. La Nature nous offre à chaque pas le fpectacle le plus curieux, fi nous avons des yeux pour le contempler. L'ame s'éleve & s'aggrandit, quand elle confidère la magnificence, l'immenfité, la régularité des corps lumineux que le Créateur de l'Univers a fufpendus fur nos têtes. Les plus petits objets, femés par la même main fur la terre, excitent l'admiration à mefure qu'on eft inftruit. L'ame eft à elle-même le fpectacle le plus intéreffant, & le plus capable d'épuifer toutes fes recherches. La connoiffance même du corps eft un abyme de merveilles. Cette variété & cette multitude prodigieufe d'os, de fibres, de nerfs, de mufcles, de vifcères, de liqueurs, dont

on ne fçauroit rien retrancher, comme
on n'y peut rien ajouter, qui tous ont
leur ufage, leur tiffure, leur proportion,
leur arrangement propre, leur corref-
pondance mutuelle : (Je ne fuis pas furpris qu'un Anatomifte, livré à l'enthou-
fiafme de fon art, ait trouvé dans un
feul os une preuve victorieufe de l'exiftence de Dieu.) cette action & cette
réaction continuelles, cette circulation
des liqueurs dans une infinité de canaux
répandus par tout le corps, ce mouvement perpétuel fi compofé & fi rapide,
& cependant fi facile & fi uniforme, que
nous ne le fentons point, qu'il s'eft
écoulé tant de fiècles fans qu'il ait été
même foupçonné : tout ce que nous
voyons dans le corps eft admirable ; ce
que nous ne pouvons y voir, ce qui
échappe à l'œil le plus perçant, aidé de
l'inftrument le plus parfait, eft encore
plus admirable. Les principes fecrets,
les efprits vitaux qui animent toute la

H ij

machine, qui tendent ou relâchent tous les reſſorts, & ſe portent à notre inſu & ſans ſe tromper jamais, dans chaque partie : les principes de fécondité & d'immortalité, par leſquels le corps croît, ſe conſerve, ſe reſſuſcite en quelque ſorte, ſe perpétue & ſe multiplie à l'infini : tout, oui tout décèle l'art, mais l'art de la Nature, un Ouvrier divin.

Que dirons-nous donc de l'union de l'ame & du corps, de cette parfaite & conſtante harmonie entre deux êtres ſi différens, entre les volontés de l'une & les mouvemens de l'autre, entre les changemens que ſubit celui-ci & les altérations qu'éprouve celle-là ? Et cette Science curieuſe, la baſe de tant de ſciences précieuſes & des arts les plus utiles, qui par la décompoſition des parties de tous les corps, ne ſe propoſe rien moins que d'en mettre à nud ſous nos yeux la ſtructure intime & les élémens primitifs avec leurs propriétés & leurs analogies, qui entreprend d'arracher, s'il étoit possible, à la Nature son secret, de recomposer les mêmes corps, & d'en produire de nouveaux, dont la Nature n'avoit pas fourni le modèle.... Arrêtons-nous, pour ne pas nous perdre dans un immense océan. Toutes les connoissances en un mot, quand on sçait les circonscrire dans les limites où est resserrée l'intelligence & le travail d'un être foible & mortel, toutes fournissent à la fois une occupation intéressante & un agréable délassement. Nous avons sans doute dans notre siècle, plus que jamais, tous les secours & tous les encouragemens pour les cultiver.

Mais le luxe, la mollesse, la volupté, le goût de la frivolité & la soif des richesses énervent & abâtardissent la plupart des esprits, les rendent incapables de ce travail & de cette application suivie, à laquelle le succès & l'agrément sont attachés. Une sotte présomption,

H iij

qui semble devenir épidémique pour notre jeunesse, lui persuade qu'elle n'en a pas besoin, que le talent, que l'esprit tient lieu de tout. A peine a-t-elle secoué la poussiere de l'école, qu'elle ose produire au grand jour les fruits précoces d'études faites à la hâte, débuter dans la plus redoutable carrière, à la suite de Sophocle, de Térence & de leurs rivaux, avant de s'être remplie de ces Ouvrages originaux, sur lesquels se font formés tous nos grands Ecrivains, avant d'avoir étudié à fond l'art, la nature & l'homme, & sans faire réflexion

Art. Poétiq. ch. 3.

Qu'un Poëme excellent, où tout marche & se
        suit . . . .
Jamais d'un Ecolier ne fut l'apprentissage.

La superficie de la Littérature, si je puis ainsi m'exprimer, est plus étendue & plus brillante que jamais. Mais n'allons pas la sonder trop curieusement; nous rencontrerions bientôt le tuf. L'amour de l'argent a tout infecté dans la Littérature, comme dans tous les états de la société. La multitude de ceux qui s'adonnent aux Lettres, à la honte de notre siècle & des Lettres, a fait de cet art sublime un métier mercénaire. Ils ne rougissent pas de *trafiquer du discours*, de vendre leurs satyres & leurs éloges ; satyres méprisables, dont les traits retombent tous sur ceux qui les lancent ; éloges imposteurs qui ne peuvent que déshonorer le Panégyriste & le Héros.

Eh ! que peut-on attendre de noble, de grand, de libre de ce vil tas d'Ecrivains, toujours courbés vers la terre,

Dégoûtés de gloire & d'argent affamés ?

Mais les Lettres se vengent de l'avilissement où on veut les faire descendre, en les forçant de servir d'instrument à la plus basse des passions. Jamais leurs trésors ne furent ouverts à ces ames vénales. Qu'elles supputent le produit sordide

de leurs plumes : voilà l'objet qu'elles
ont en vue dans la culture des Lettres,
& tout le fruit qu'elles en recueilleront.
La gloire, l'immortalité, les plus pures
& les plus exquifes voluptés ; tel eft le
partage de ceux qui aiment les Lettres
pour elles-mêmes, & qui les honorent
par leurs fentimens, encore plus que
par leurs écrits

Les Sages du Paganifme qui laiffoient
au Peuple les plaifirs & la félicité que
leur offroit après la mort une Religion
qu'ils refpectoient en public, & dont ils
rioient entr'eux, ne connoiffoient &
n'ambitionnoient d'autre béatitude que
la culture des Lettres & des Sciences, la
vue claire & la contemplation non in-
terrompue de la vérité. C'étoit, dit
Cicéron, leur bien fuprême après cette
vie. C'étoit encore pendant la vie leur
reffource contre tous les maux. Au pouvoir de l'ennemi, dans les chaînes d'un
tyran, en exil, par-tout ils fe confoloient

avec les Lettres & la Philofophie. Les
voluptés, cachées dans le fein des Sciences, leur paroiffoient d'un fi grand prix,
que rien ne les rebutoit pour fe les affu-
rer, & fi j'ofe ainfi m'exprimer, pour
en faire la conquête. Dans cet efpoir,
ils entreprenoient hardiment des courfes
immenfes & périlleufes. Les voyages des
Pythagores & des Platons font fameux.
A de telles autorités, à des exemples fi
frappans je ne dois rien ajouter. Ceux
que la Nature a doués du goût des Arts,
& que le caprice de la fortune n'a pas
diftraits de cette vocation fublime, ont
fenti vivement ce que je ne pourrois
exprimer que foiblement. Les autres ne
m'entendroient pas.

Si le travail de la compofition a fes
jours de dégoût & d'aridité, il a fes
heures de volupté & de fécondité. Il
eft différens degrés fur le Parnaffe : il eft
auffi différens genres de fenfations délicieufes, que les Mufes réfervent à leurs

favoris. C'étoit aux Auteurs de Cinna,
d'Athalie & de Mérope à nous apprendre
ce qui se passoit dans leurs ames, lorsque dans l'ivresse d'un enthousiasme divin ils enfantoient leurs chef-d'œuvres.

Il n'est point de mère tendre & am-
bitieuse, à qui la naissance d'un fils ap-
pellé à de hautes destinées doive inspirer une joie plus vive, une fierté si
légitime. Et cet enfant, qui n'est d'abord
qu'un être ébauché, pour ainsi dire, à
combien de maux, de besoins humilians,
de dangers sans cesse renaissans n'est-il
pas en proie? les chagrins, les soucis,
les alarmes maternelles renouvellent en
quelque sorte la cruelle crise de l'enfan-
tement. Et trop souvent, si l'on eût sçu
tirer son horoscope, au moment même de
sa naissance, on eût voulu le voir replongé
dans le néant d'où il sortoit. Telle n'est
point la nature, ni le sort des productions du génie ami des hommes & de la
vertu : dès l'instant de leur naissance elles

ont atteint la perfection. Dès-lors mar-
quées du sceau de l'immortalité, elles
font les délices de tous les esprits dont
le suffrage peut flatter, & garantir celui
de la postérité. Elles sont le désespoir
de la médiocrité & de l'envie. On l'a
dit, c'est Minerve sortie toute armée du
cerveau de Jupiter. Il est agréable sans
doute, il est flatteur d'être montré par-   Horace.
tout comme le père d'un pareil ouvrage,
de jouir de la reconnoissance & des applaudissemens de son siècle, d'entendre
déja ceux de *l'équitable avenir.*   Boilean.

   Croyons du moins ces illustres Ecrivains, quand ils nous vantent les avantages & les douceurs de leur état. Heureux, dit l'un d'eux, que la France se
glorifie encore de posséder,

Heureux qui jusqu'au temps du terme de sa   M. de Volt.
   course,
Des beaux Arts amoureux peut cultiver leurs
   fruits !
Il brave l'injustice, il calme ses ennuis,
Il pardonne aux humains, il rit de leur délire,
Et de sa main mourante il touche encore sa lyre,

Tel eſt l'effet des Lettres ; quand elles ne ſont point corrompues par les eſprits qui les cultivent. Tel eſt l'effet de la ſaine Philoſophie, dont le nom eſt ſi décrié, depuis qu'une foule d'impoſteurs oſe en prendre le maſque, & réuſſit à tromper tous ceux qui n'ont jamais vu de Philoſophes. La Bruyere les connoiſſoit, lui qui a tracé le caractère diſtinctif de la véritable Philoſophie, & ſi bien décrit ſes avantages. » Loin de s'effrayer » ou de rougir du nom de Philoſophe, » il n'y a perſonne au monde qui ne dût » avoir une forte teinture de Philoſo-

Ch. II. de l'Homme.

» phie. (On ne peut plus entendre que » celle qui eſt dépendante de la Religion » Chrétienne.) Elle convient à tout le » monde. La pratique en eſt utile à tous » les âges, à tous les ſexes & à toutes » les conditions: elle nous conſole du » Bonheur d'autrui, des indignes préfé- » rences, du déclin de nos forces ou de » notre beauté: elle nous arme contre

» la pauvreté, la vieilleſſe, la maladie
» & la mort, contre les ſots & les mau-
» vais railleurs : elle nous fait vivre ſans
» une femme, ou nous fait ſupporter
» celle avec qui nous vivons. »

Il n'eſt point de vuide que ne rem-
pliſſent la Philoſophie embellie par les
Lettres, les Lettres fortifiées par la
Philoſophie ; point de perte qu'elles ne
réparent, point de chagrin qu'elles n'a-
douciſſent. L'ennui, ce poiſon mortel
des conditions les plus enviées, contre
lequel ni l'opulence ni la grandeur ne
fourniſſent aucun antidote, elles ne le
chaſſent point de notre ame, elles font
plus, elles lui en ferment toutes les en-
trées. Elles font le délaſſement le plus gra-
cieux d'une vie fort occupée, une occupation intéreſſante & néceſſaire pour celle
qui laiſſe beaucoup de loiſir. » L'un des
» plus grands beſoins de l'homme, remar-
» que un Ecrivain moderne, eſt celui d'a-
» voir l'eſprit occupé. L'ennui, qui ſuit

L'Abbé du
Bos. Réflex.
ſur la Poéſie
& la Peint.
tom. 1.

» bientôt l'inaction de l'ame, est un mal
» si douloureux pour l'homme, qu'il en-
» treprend souvent les travaux les plus
» pénibles, afin de s'épargner la peine
» d'en être tourmenté. Il est facile de
» concevoir comment les travaux du
» corps, même ceux qui semblent de-
» mander le moins d'application, ne
» laissent pas d'occuper l'ame. Hors de
» ces occasions, elle ne sçauroit être
» occupée qu'en deux manières : ou
» l'ame se livre aux impressions que les
» objets extérieurs font sur elle, & c'est
» ce qu'on appelle sentiment ; ou elle
» s'entretient elle-même par des spécu-
» lations sur des matières, soit utiles,
» soit curieuses, & c'est ce qu'on appelle
» réfléchir ou méditer.

» Lorsque l'homme, dit un Philosophe
» Allemand, paroît n'avoir qu'à jouir
» d'un heureux loisir, un nouveau be-
» soin le tourmente, celui d'avoir un
» sentiment vif de sa propre existence.

Lettres sur
l'ame par un
Physicien de
Nuremberg.
Variétés lit.
tom. 3.

» Nous ne sommes présens à nous-
» mêmes que par des sentimens immé-
» diats ou par des idées : il faut qu'elles
» nous intéressent pour nous rendre
» heureux. Et malheureusement les sen-
» sations qui nous ont le plus intéressés,
» s'affoiblissent par leur continuité. Nous
» sommes donc forcés, pour être heu-
» reux, ou de changer continuellement
» d'objets, ou d'outrer les sensations du
» même genre ».

On sent que le premier parti est impraticable, & que le second nous feroit
bientôt funeste.

Ecoutons encore un moment notre
Auteur. » Ce besoin d'un sentiment vif
» de l'existence est balancé dans l'hom-
» me par une autre disposition qui lui
» est commune avec tous les êtres sen-
» sibles, la paresse ou l'amour du repos.
» Cette force d'inertie est le plus grand
» principe d'activité parmi les hommes.
» Le repos en perspective qui faisoit cou-

» rir Pyrrhus, fatigue encore tout am=
» bitieux qui veut s'élever, tout avare
» qui amasse au - delà de ses besoins ».

Qui ne reconnoît à ces traits là perpétuelle & malheureuse mobilité du
cœur humain, le rêve des passions, cette
espérance fallacieuse, comme s'exprime Bossuet, *qui nous mène de travaux
en travaux, d'illusions en illusions, & nous
rend le jouet* des autres, & encore plus
de nous - mêmes ? Le besoin d'un sentiment vif, le besoin d'un doux repos,
l'un & l'autre également pressans, également attachés au fond de notre être,
comment les satisfaire, comment les
concilier, sinon par une vie tranquille
sans être oisive, occupée sans être fatiguante ou tumultueuse ; une vie dont un
travail assorti à notre goût & à nos forces
fasse comme le fond ?

M. de Volt.   Un travail nécessaire,
Ce partage de l'homme & son consolateur,
En chassant l'indigence, amène le Bonheur.

Ceux

Ceux qui s'y livrent avec choix & avec modération jouiffent dans leurs momens de relâche de plaifirs fimples & innocens, qui ne fçauroient effleurer les ames engourdies par l'inaction ou épuifées par la volupté.

La culture des Lettres & des Arts, nous l'avons dit, eft tout à la fois une occupation & un doux repos, qui variant fans ceffe, n'ennuyent jamais. Et fi les plaifirs de l'efprit pouvoient ne pas fuffire ou ne trouvoient point place, les plaifirs de l'ame y fuppléeroient abondamment, & ne laifferoient, ce femble, rien à defirer.

SECTION VI.

*Comment contribuent au BONHEUR les
plaisirs de l'ame. 1°. Ceux qui naissent
de la vertu & de la bienfaisance : 2°. les
plaisirs de l'amitié.*

Nous n'affoiblirons pas ce que nous
avons dit des plaisirs de l'esprit, parce
que nous n'avons rien exagéré. Mais il
est vrai qu'autant que les plaisirs de l'esprit l'emportent sur ceux des sens, autant ils le cedent aux plaisirs de l'ame.
C'est par l'ame que l'homme est tout ce
qu'il est, digne d'amour & d'estime,
grand, heureux, méprisable au contraire, odieux, infortuné. Otez-lui les voluptés des sens, sans doute vous lui ôtez
une foule d'agrémens : mais comptez
aussi, si vous le pouvez, de combien
d'écueils vous affranchissez tout d'un
coup son innocence, son intégrité, sa

pudeur. Sevrez-le des plaisirs des Lettres
& de l'étude ; vous le privez, j'en conviens, & du délassement le plus doux,
& de l'occupation la plus délicieuse ;
d'un antidote souverain contre les dégoûts, les ennuis, les dangers semés
sans nombre sur le chemin de la vie.
Mais s'il ne les connoît pas ces plaisirs,
il ne les desire donc pas : par conséquent cette privation ne le rend pas
malheureux. Et qui sait l'usage qu'il auroit fait de ces connoissances & de ces
talens, qui trop souvent ont enivré
& égaré ceux qui les possédoient, qui
quelquefois même ont contribué à per-
vertir & à infecter la société, qui ont
préparé un poison funeste & comme
inévitable pour la postérité la plus re-
culée ?

Les plaisirs des sens, les plaisirs des
passions s'émoussent par l'habitude, fa-
tiguent par leur continuité, épuisent par
leur vivacité. Ils n'ont que la durée d'un

inſtant , & traînent ſouvent après eux la
douleur, la honte & le remords , qui
n'expirent qu'avec la vie. Les plaiſirs
de l'eſprit ne peuvent être goûtés que
d'un petit nombre d'hommes : ce n'eſt
donc point là le chemin du Bonheur que
la Nature nous a tracé. Pris immodéré-
ment ils ruinent la ſanté , & ne peuvent
cependant être continués ſans elle.

Il n'en eſt pas ainſi des plaiſirs de
l'ame, de ces plaiſirs dont la ſource eſt
dans la bienfaiſance , dans l'amitié, dans
la vertu. De cette ſource inaltérable , il
ne peut couler ſur la terre que des biens &
des joies pures. Jamais ces vrais plaiſirs ne
laſſent , ne raſſaſient , n'énervent & ne
corrompent : ils ont toujours le charme
de la nouveauté ; plus on les goûte, plus
on veut les goûter. Ils ne peuvent être
négligés que par ceux à qui ils ſont inconnus, par ces ames de boue , con-
damnées à ramper triſtement parmi un
tas de mortels frivoles & inſenſés , cor-

rompus & corrupteurs. Ils font indé-
pendans de la vigueur du corps, de la
fagacité de l'efprit, des faveurs & des
caprices de la fortune. Ils élevent l'ame,
ils la fortifient, ils en rempliffent toute
la capacité. Jamais de retours fâcheux à
effuyer : perfonne ne s'eft encore repenti
de les avoir goûtés. Jamais d'indifcrétion
à redouter : la modeftie feule eft inté-
reffée à les couvrir de fon voile. Et
s'ils femblent peut-être plus vifs & plus
purs , lorfqu'ils demeurent concentrés
dans le cœur qui les goûte , dans le fein
de l'amitîé qui les partage ; le grand jour
y ajoute l'éclat de la gloire & le concert
enchanteur de l'acclamation publique.
Dépofés dans le fond de la confcience,
un fentiment délicieux les reproduit &
les perpétue jufqu'au dernier foupir.
Chaque jour les ames vertueufes & bien-
faifantes font à portée de les renouveller,
puifqu'une ame vertueufe & bienfaifante
peut tous les jours fuivre le penchant

divin qui la preſſe, & que ni l'importance du ſervice, ni l'éclat de l'action
n'eſt néceſſaire ici, ni pour le mérite, ni
pour la volupté qui en eſt le ſalaire. Il
n'eſt aucun jour où un particulier ſoit
réduit à dire, comme cet Empereur
adoré : *mes amis, j'ai perdu la journée.*

» Il n'eſt point, dit M. Rouſſeau, de
» route plus ſûre pour aller au Bonheur
» que celle de la vertu. Si on y par-
» vient, il eſt plus pur, plus ſolide &
» plus doux par elle : ſi on le manque,
» elle ſeule peut en dédommager ». On
peut enchérir ſans aller au-delà du vrai.
Ce n'eſt pas aſſez de dire qu'il *n'eſt pas
de route plus ſûre pour le Bonheur*, elle
eſt la ſeule : toute autre route nous
égare : tous les pas qu'on y fait ſont,
pour ainſi dire, autant d'eſpaces qu'on
met entre ſoi & le vrai Bonheur. Le
même Ecrivain s'explique ou ſe réforme
ailleurs. » La félicité eſt la fortune du
» Sage, & il n'y en a point ſans vertu

» Les plus vicieux même font forcés de
» rendre hommage à la vertu, en lui
» enviant ce fentiment profond de paix
» & de contentement qu'elle conferve
» dans toutes les fituations poffibles.

» Charme inconcevable de la beauté
» qui ne périt point, s'écrie encore l'il-
» luftre Génevois dans fon ftyle brûlant
» & fublime. Ce ne font point les vi-
» cieux au faîte des honneurs, dans le
» fein des plaifirs, qui font envie ; ce
» font les vertueux infortunés. Et l'on
» fent au fond de fon cœur la félicité
» réelle, que couvroient leurs maux ap-
» parens. Ce fentiment eft commun à
» tous les hommes ; & fouvent même,
» en dépit d'eux, ce divin modèle que
» chacun de nous porte avec lui, nous
» enchante malgré que nous en ayons.
» Si-tôt que la paffion nous permet de
» le voir, nous lui voulons reffembler ;
» & fi le plus méchant des hommes
» pouvoit être un autre que lui-même,

I iv

» il voudroit être un homme de bien ».

La vertu ne dédaigne pas les biens de la fortune, quand d'eux - mêmes ils se préfentent à elle, ou quand elle peut les recueillir fans effort & fans baffeffe ; c'eft même pour elle feule qu'ils font deftinés, puifqu'elle feule fait en faire un ufage légitime & falutaire. Mais comme elle fçait en ufer, elle fçait également s'en paffer : & c'eft alors que vous demandez fi elle eft encore heureufe, & où peut exifter fa récompenfe.

Les quatre
Philofophes,
par M. Hume.

» Enfans de la Terre, vous répond un » Philofophe moderne, vous connoiffez » bien peu le prix de cette immortelle » beauté. Si vous êtiez touchés de fes » attraits, vous ne vous informeriez » point de fa dot. Sachez cependant que » la Nature a condefcendu à votre foi- » bleffe. Non, elle n'a point laiffé nue & » pauvre cette fille fi tendrement ché- » rie : elle l'a comblée des biens les plus » précieux. Mais de peur de ne lui atti-

» rer que des amans intéressés, elle
» cache aux yeux du vulgaire les tréfors
» dont elle l'a enrichie. Elle ne les fait
» briller qu'aux regards de ceux que son
» amour a déjà captivés. La gloire eſt le
» partage aſſuré à la vertu·······,
» Enflammé par de ſi grandes eſpérances,
» l'homme vertueux voit avec un œil
» de mépris tout ce que la volupté a de
» plus féduiſant. Il ne croira jamais avoir
» encenſé une vaine idole, en ſe dé-
» vouant à la vertu ; il ſait qu'elle eſt
» ſa propre récompenſe ».

N'outrons rien. Tenons-nous même en
garde contre l'enthouſiaſme de la vertu.
N'imaginons pas que la vertu dénuée de
tous les autres biens , en proie à tous les
maux, puiſſe faire goûter une félicité
complette. Ne diſons pas avec les Stoïciens, qu'il n'y a d'autre bien que la
vertu, d'autre mal que le vice, & que
tout le reſte eſt abſolument indifférent
pour le Sage ; ni avec Epicure, que le

Sage, dans le Taureau de Phalaris, s'é-
criera que ses tourmens ne sont rien,
que sa situation est délicieuse.

Tuscul. disp.
L. 5.

Ne répétons pas même, après l'Orateur romain, que si la justice, la tempérance, le courage, la constance, la
grandeur d'ame, si toutes les vertus se
présentent pour affronter les tourmens,
on ne verra point la félicité, leur inséparable compagne, reculer à la vue des
bourreaux, & s'arrêter seule à la porte
des cachots. La grandeur des images &
la chaleur de l'expression ne nous entraî-
neront point. Mais nous ne craindrons
pas d'être repris d'exagération, en avan-
çant que si la vertu dépouillée de tous
les biens, luttant contre tous les maux,
ne suffit pas pour nous rendre heureux,
elle nous fournit du moins la plus douce
& la plus solide des consolations ; que
seule opposée à tout le reste, elle em-
porte & précipite la balance ; & que sé-
parés d'elle, tous les biens perdent tout

leur prix, qu'ils ne méritent même plus
le nom de biens.

Je n'en dis pas affez. La plupart de ces
maux prétendus, qui conſternent ou font
gémir de puſillanimes & aveugles mortels, tous ces malheurs chimériques, ces
beſoins de luxe & de fantaiſie, ces douleurs, ces humiliations qui n'ont de réalité que dans l'imagination, fruits d'un
puérile orgueil & d'une éducation effé-
minée, la vertu, le bon eſprit, la force
de l'ame les fait évanouir, ou même les
fait concourir à notre Bonheur. Ce qui
feroit le ſupplice du Sybarite, fait les délices du Spartiate. Ces caraƈteres mous
& efféminés, qui ne peuvent s'arrêter
qu'à des images voluptueuſes, l'ombre du
danger les fait pâlir, le moindre revers les
abat. Mais une ame forte & magnanime,
s'abreuvant à longs traits dans les ſources
de la ſageſſe, y a puiſé des réflexions
mâles, de ſublimes & conſolantes vérités,
cette prévoyance vraiment philoſophi-

que, qui ne va pas réalifer des maux fan-
taftiques, ou enfler des atômes, ni faire
fouffrir d'avance en le rapprochant, ce
qui fe perdoit dans un lointain prefque
imperceptible ; mais qui, en nous aguer-
riffant avec tout ce qui eft l'apanage de
l'humanité, l'épreuve de la vertu, la
matiere de fes glorieux combats & de
fes triomphes, nous accoutume à l'en-
vifager fans émotion, à l'attendre fans
foibleffe, à le fupporter fans impatience.

Il y a, felon Charron, deux grands
remèdes contre tous les maux, *l'accou-*
tumance pour le vulgaire groffier, & la mé-
ditation ou la prévoyance pour le Sage. On
fe fait à tout, on fe confole de tout. Et
le Sage ne doit-il pas rougir que fa fageffe
ne puiffe pas ce que l'habitude feule & le
temps fait pour tout le monde ? toujours
préparé, toujours armé contre tous les
ennemis qui menacent l'humanité, il eft
impoffible de le furprendre. Quelque
malheur que vous lui annonciez, il fe

La Sageffe,
l. 2. c. 7.

l'eſt déja annoncé à lui-même. Homme &
mortel, il s'attend à tout, il a tout prévu.
La douleur, dit Charron, *eſt le plus grand*
&, à vrai dire, le ſeul mal, & où il y a
moins de remede. Il eſſaye cependant d'en
indiquer quelques-uns. *C'eſt*, dit-il d'a-
bord, *une commune néceſſité d'endurer.*
Triſte conſolation. C'eſt pour cela même
que la douleur eſt un mal accablant &
déſeſpérant, puiſqu'elle eſt inévitable.
Si la douleur eſt longue, elle eſt légere: ſi
elle eſt violente, elle eſt courte. On a trop
ſouvent répété ce dilemme, qui n'eſt pas
toujours vrai. *C'eſt le corps qui endure, ce*
n'eſt pas nous qui ſommes offenſés. Subtilité
ſophiſtique qui n'a jamais pu adoucir les
maux d'un malheureux. Comme ſi notre
corps étoit un être étranger qui pût nous
être indifférent, comme ſi l'ame elle-
même ne reſſentoit pas la douleur.

Loin d'ici des motifs de conſolation
peu dignes d'un Philoſophe ſi judicieux.
Mais nous avouerons avec lui que la

Ibid. Liv. 3.
c. 22.

douleur nous apprend à nous dégoûter de ce qu'il nous faut laisser un jour, à nous déprendre de la *piperie* de ce monde, service très-important; que si la douleur est médiocre, la patience coutera peu; que si elle est grande, la gloire le fera également; que si elle nous paroît trop dure, nous devons, pour l'ordinaire, l'imputer à notre mollesse & à notre lâcheté; que s'il y a peu de gens qui la puissent souffrir, il faut que nous soyons de ce peu. Pourquoi des hommes ne pourroient-ils pas ce que d'autres hommes ont pu? N'accusons pas la Nature de nous avoir faits trop foibles: il n'en est rien. Mais nous sommes devenus trop délicats. Nous avons beau fuir la douleur, elle nous atteindra. Si nous nous rendons lâchement, nous n'en ferons que plus rudement traités, & notre honte sera éternelle. *Non quia difficilia sunt non audemus, sed quia non audemus, difficilia sunt.* Tant d'exemples d'hommes comme nous, que dis-je ? d'un Peuple entier, qui supportoit avec constance, avec joie même, de grandes douleurs, de cruels tourmens, nous apprennent de quoi la sagesse, de quoi la vertu & l'héroïsme humain sont capables.

Il n'est qu'un seul malheur dont l'homme vertueux ne puisse pas, ne doive pas même se consoler : ce seroit d'avoir abandonné la vertu, perdu l'honneur, sacrifié son devoir à l'intérêt ou à la volupté. Je me trompe, l'homme vertueux se répond avec une noble & légitime confiance, que ce malheur affreux ne sçauroit le regarder. Personne sans doute ne peut dire : ma fortune est si bien cimentée, que quoi qu'il arrive, ni les coups du sort, ni les efforts de l'envie ne la renverseront : je mourrai dans la faveur du Prince, dans l'estime du Peuple, dans le poste que j'occupe. Personne ne peut dire même : puisque j'ai eu ce Bonheur jusqu'ici, je sauverai encore

demain ma gloire & ma vertu des écueils
de toutes les paffions. Mais tout homme
d'honneur doit dire, avec une affurance
que rien ne peut ébranler : jamais je ne
fouillerai mon nom par une baffeffe ;
jamais je ne commettrai d'injuftice, je
ne trahirai ni n'abandonnerai mon Prince, ma patrie, mon bienfaiteur, mon
ami. Or cet infaillible témoignage d'une
confcience irréprochable fait naître &
entretient au fond du cœur une férénité
inaltérable, une joie douce, une noble
fierté, dont n'approche point le prétendu
Bonheur de l'opulence, des honneurs &
des voluptés.

Entaffez, portez à quelle hauteur vous
voudrez ces biens qui vous font étrangers : mais vous effayerez en vain d'affeoir fur cette bafe l'édifice de votre
Bonheur & de votre repos ; bafe perfide,
toujours prête à s'écrouler. La fageffe
avec laquelle vous en ufez peut feule
leur donner quelque folidité, ou vous
confoler

confoler, s'ils vous échappent. C'eſt un caractère de modération, d'égalité, de douceur, de générofité, c'eſt la vertu, c'eſt l'homme qui donne du prix à ces fortes de biens; & ce ne font pas ces biens qui peuvent relever le prix des vertus, ni faire la deſtinée de l'homme. En un mot foyez content, dit encore Plutarque, & vous ferez heureux. Mais n'eſt-ce pas de vous fur-tout qu'il dépend d'être content ?

La vertu eſt à l'ame ce que la fanté eſt au corps. « Tous ces gens ennuyés, qu'on » amufe avec tant de peine, dit M. » Rouſſeau, doivent leur dégoût à leurs » vices, & ne perdent le fentiment du » plaifir qu'avec celui du devoir. Les » foins, les travaux, la retraite devien- » nent des amufemens par l'art de les » diriger : en un mot une ame faine peut » donner du goût à des occupations » communes, comme la fanté du corps » fait trouver bons les alimens les plus » fimples ».   K

On fera bien aife d'entendre quelques momens le plus moral des Philofophes s'exprimer dans l'énergique & naïf langage d'Amyot. Je ne pourrois le traduire en notre langue moderne, fans l'énerver.

Plutarque.
Du vice &
de la vertu.

» Amaffe force or, affemble de l'ar-
» gent, édifie de vaftes galeries, emplis
» toute une maifon d'Efclaves & toute
» une ville de tes detteurs; fi tu n'ap-
» planis les paffions de ton ame, fi tu
» n'appaifes la cupidité infatiable, &
» que tu ne délivres toi-même de toute
» crainte & de toute follicitude, c'eft
» autant comme fi tu verfois de vin à
» un qui auroit la fièvre, & fi tu ap-
» prêtois force viandes & bien à manger
» à qui auroit grand flux de ventre &
» une dyffenterie, telle qu'il ne pour-
» roit rien digérer ni retenir viande
» aucune, & à qui la viande apporte-
» roit corruption encore plus grande.
» Ne vois-tu pas que les malades ont à

» contre-cœur & rejettent les plus déli-
» cates & plus exquifes viandes qu'on leur
» pourroit préfenter, & qu'on s'efforce
» de leur faire prendre ? Mais quand la
» bonne tempérance du corps leur eft
» retournée, les efprits nets, le fang
» doux & la chaleur modérée & fami-
» liere, ils font bien aifes & ont à plaifir
» de manger du pain tout fec avec un
» peu de fourmage ou un peu de creffon.
» La raifon apporte une telle difpofition
» à l'ame : & feras alors content de la
» fortune, quand tu auras bien appris
» que c'eft que la vraie honnêteté, &
» que c'eft que la bonté. Tu auras la
» pauvreté en délices & feras véritable-
» ment Roi, n'aimant pas moins la vie
» privée & retirée, loin des charges &
» affaires, que celle de ceux qui ont les
» grandes armées & les grands Etats à
» gouverner. Et quand tu auras profité
» en la Philofophie, tu vivras par-tout
» fans déplaifir & fçauras vivre joyeu-

» fement en tout état : la richeffe te ré-
» jouira, d'autant que tu auras plus de
» moyen de faire plus de bien à plu-
» fieurs ; la pauvreté, d'autant que tu
» auras moins de fouci ; la gloire, d'au-
» tant que tu feras honoré ; la baffe
» condition, d'autant que tu en feras
» moins envié ».

V. Plutarq.
De l'avarice.

Sans la vertu, vainement les richeffes appelleront le Bonheur. La fortune mériteroit fans doute le culte des mortels, fi le Bonheur fe donnoit au poids de l'or : mais le repos & le contentement d'efprit, la modération des defirs, l'égalité, le courage de l'ame, ces fources facrées du Bonheur, s'achetent-elles ? Et à quoi peuvent être bonnes les richeffes ou les dignités, de quoi peuvent-elles nous délivrer, fi elles ne nous délivrent pas même de la paffion de les accumuler ? Confeille-t-on de boire à un malade, quand la boiffon allume de plus en plus la foif qui le brûle? La foif de l'or & des honneurs, plus brûlante encore, le nectar fervi dans la coupe royale, un nouveau Pactole fortant des mines du Pérou, ne l'éteindroit point. Et l'on fçait que de tout temps les foucis & les alarmes fe plaifent à voler autour des lambris dorés. Un calme à l'épreuve de tous les orages regne au fond de l'ame vertueufe. L'homme vicieux au contraire, à moins que criminel défefpéré il ne foit parvenu à étouffer le remords, eft agité, déchiré nuit & jour, parce qu'on ne fait pas divorce avec le vice comme avec une femme, dit Plutarque. En vain cherche-t-il à fe diftraire, *à tromper fon ennui :* en vain fuiroit-il dans l'autre Hémifphère, puifqu'il ne peut fe fuir lui - même. L'ennui

Monte en croupe, galope & navigue avec lui.

En paffant les mers, dit Horace, nous L. 1. Ep. 11e. changeons de ciel, mais nous ne chan-

K iij

geons pas de cœur. Nous nous donnons bien des mouvemens inutiles : nous courons après le Bonheur fur terre & fur mer. Infenfés ! Le Bonheur eft ici : il eft par-tout où la fageffe & la vertu répriment nos defirs & dirigent nos démarches. Le Bonheur

Boil. Ep. 5ᵉ.

Eft ici, comme aux lieux où mûrit le coco,
Et fe trouvé à Paris, de même qu'à Cufco.

Il eft au-dedans de nous : il eft au fond d'un cœur où réfident la paix, le contentement , le témoignage délicieux de la confcience ; parce que l'innocence , la modération, la droiture, la magnanimité , la conftance , y tiennent leur empire ; parce qu'il ne fçait ni fléchir fous le vice, ni encenfer la fortune , ni ramper aux pieds d'aucune idole ; parce

Sat. 1

qu'il *ne fçait ni tromper, ni feindre, ni mentir.*

Il eft vrai que ces hommes rares , exclus pour jamais du temple de la fortune, doivent borner leur ambition à confer-

ver l'héritage, à cultiver le champ de
leurs ayeux. Mais s'ils ont trouvé le repos & le contentement du cœur, qu'ont-
ils à regretter ? Jaloux du tréfor de l'indépendance & de la liberté, qu'ils ne
croiroient point payé par tous ceux du
Potofe, ces vrais Philofophes difent avec
Boileau :

> Dès-lors à la richeffe il fallut renoncer.   *Epit. 5e.*
> Ne pouvant l'acquérir, j'appris à m'en paffer ;
> Et fur-tout redoutant la baffe fervitude ,
> La libre vérité fit toute mon étude.

Nos oreilles étourdies du fracas de
l'opulence , des éloges éternels des riches
& des richeffes, entendront-elles ce
langage ? & nos yeux, gâtés par le luxe,
pourront-ils, fous les livrées de la modeftie & de la fimplicité, reconnoître ce
qu'il y a de plus grand fur la terre, la
vertu ? & devinerons-nous que le Bonheur l'accompagne ? Mais quoi ! nous
laifferons-nous éblouir par des dehors

qui ne doivent plus tromper que ceux qui entrent dans le monde ? Levons cette écorce brillante, pénétrons dans l'intérieur de ces maisons, où la joie & les plaisirs semblent avoir fixé leur séjour; nous ne trouverons que des desirs inquiétans, des soucis rongeurs, des repentirs amers, de cruelles alarmes : nous n'entendrons que les murmures de l'humeur, les cris de l'envie, les effroyables accens de l'implacable vengeance, de l'orgueil en fureur, de l'ambition jouée, de l'insatiable avarice.

Au sortir de ces Palais enchantés, mais qui ne font enviés que de ceux qui ne les connoissent point, transportons - nous dans l'asyle qu'a choisi l'homme modeste & vertueux. Là toutes les passions en silence, toutes les erreurs qui font fatales au repos & à l'innocence dissipées, tous les jugemens & tous les goûts, tous les projets & tous les mouvemens des hommes pesés dans la balance de la raison & de la sagesse, tous les biens estimés leur jufte valeur ; il jouit délicieufement de lui-même , de fa fortune , de fes amis. Il brave du port les tempêtes qui fe déchaînent fans ceffe fur une mer où les paffions entraînent prefque tous les hommes ; en même-temps qu'il s'attendrit fur le fort de fes femblables , jouet infortuné des vents & des flots , ou plutôt de l'égarement de leur cœur & de leur efprit. Il s'applaudit de fa prudente & inébranlable modération : il en recueille les fruits dans le fein de la petite fociété qu'il a trouvée , ou qu'il s'eft faite d'après fes goûts.

Encore une fois cette conduite, ces fentimens finguliers l'ont éloigné des fources vulgaires du Bonheur, des richeffes , des dignités , des voluptés. Mais de quoi lui ferviroient ces biens fi vantés ? Il eft riche fans richeffes , puifque content de fa fortune , il a de quoi fatisfaire à tous les befoins de la Nature. Et les richeffes inutiles à cet égard, pour lequel feul cependant on pourroit les defirer, ne font propres qu'à faire naître & multiplier les befoins du luxe & des paffions, qui n'ont pas de limites, & qu'elles-mêmes font incapables de remplir.

S'il n'a pas de richeffes, il n'a pas non plus ce qui les accompagne & les fuit, les embarras, les foucis, les dangers, les frayeurs & les remords. Il eft grand & honoré fans dignités & fans places. Il eft pénible & fouvent hafardeux de les remplir; il eft difficile de les concilier avec le repos de l'ame & le Bonheur: il lui fuffit de les avoir méritées. Il eft auffi glorieux pour lui d'entendre tous les jours demander pourquoi on ne l'y a point élevé, qu'il eft humiliant pour les autres de lire du moins dans tous les yeux, combien on eft étonné de les y voir. Loin des plaifirs bruyans & faftueux, il goûte à longs traits des plaifirs fimples, innocens, délicieux.

Voulez-vous être heureux, nous dit Horace ? cherchez à acquérir le calme parfait de l'ame, à devenir l'ami de vous-même : voyez par où on y parvient, fi c'eft par la route battue des honneurs & des richeffes, ou par quelque fentier inconnu à la foule. Le fentiment de cet aimable & judicieux Philofophe n'eft pas équivoque.

Fontenelle le développe au long. » Le » plus grand fecret pour le Bonheur, » c'eft d'être bien avec foi. Naturelle- » ment tous les accidens fâcheux qui » nous viennent du dehors, nous rejet- » tent vers nous-mêmes ; & il eft bon » d'y avoir une retraite agréable. Mais » elle ne peut l'être, fi elle n'a pas été » préparée par les mains de la vertu. » Toute l'indulgence de l'amour-propre » n'empêche point qu'on ne fe reproche » du moins une partie de ce qu'on a à » fe reprocher. Et combien eft-on en- » core troublé par le foin humiliant de

Liv. 1 , Epit. 18e.

Penfées fur le Bonheur.

» se cacher aux autres, par la crainte
» d'être connu, par le chagrin inévitable
» de l'être ? On se fuit avec raison : il
» n'y a que le vertueux qui puisse se
» voir & se reconnoître........Il peut
» fort bien arriver que la vertu ne con-
» duise ni à la richesse ni à l'élévation.....
» ni même à la gloire, sa récompense
» naturelle. Peut-être s'en privera-t-elle
» elle-même..... Mais une récompense
» infaillible pour elle, c'est la satifac-
» tion intérieure. Chaque devoir rempli
» en est payé dans le moment. On peut,
» sans orgueil, appeller à soi-même des
» injustices de la fortune : on s'en con-
» sole par le témoignage légitime qu'on
» se rend de ne les avoir pas méritées.
» On trouve dans sa propre raison &
» dans sa droiture un plus grand fond
  de Bonheur, que les autres n'en attendent des caprices du hasard ».

En effet, soyez bien avec vous-même;
nettoyez votre ame, chassez-en tous les

maux imaginaires, banniſſez-en tous les vices qui vous en rendent le ſpectacle humiliant & douloureux ; vous y rentrez toujours avec une ſatisfaction toujours nouvelle. Et rien ne vous empêche de goûter les plaiſirs purs & vertueux, que la main libérale de la Nature à ſemés pour les humains ſur toute la ſurface de la terre. Les plaiſirs champêtres ne tiendront pas le dernier rang.

» Loin du tumulte de la ville, les
» plaiſirs modérés d'une campagne ver-
» tueuſe répareront de temps en temps
» les forces du corps, & redonneront
» une nouvelle vigueur à celles de l'ame.
» Les occupations de la vie ruſtique
» feront pour le Magiſtrat une leçon
» vivante & animée de l'uſage du temps
» & de l'amour du travail. Il ne dédai-
» gnera pas même de s'y abaiſſer ; &
» portant par-tout avec lui le deſir d'être
» utile aux autres, il ne ſera pas inſenſible
» au plaiſir de travailler pour un autre

Œuvres de
M. d'Agueſſ.
T. 1. p. 188.
16. mercur.

» fiècle, & de donner un jour de l'om-
» bre à fes neveux : mais fur-tout il
» goûtera, non fans un fecret mouve-
» ment d'envie , la profonde douceur
» de cette vie innocente, où , malgré
» le luxe & la magnificence de notre
» fiècle, fe confervent encore la fruga-
» lité & la modeftie des premiers âges
» du monde.

» Si la loi de fon devoir le force à
» quitter cet heureux féjour , il en rap-
» pellera l'efprit ; & perfectionnant fa
» vertu par fes diftractions même , il
» mêlera heureufement à l'élévation &
» à la dignité du Magiftrat la candeur &
» la fimplicité des anciens Patriarches.
» Ce n'eft point ici une de ces fictions
» ingénieufes, où l'efprit humain fe plaît
» quelquefois à chercher le merveilleux
» plutôt que le vraifemblable. Ainfi ont
» vécu nos peres. Ainfi les anciens Ma-
» giftrats fçavoient ufer de leur temps :
» en étoient-ils moins heureux que nous,

» moins honorés du Public , moins bien
» avec eux-mêmes ? »

Ce que l'immortel d'Aguesseau difoit
pour les Magiftrats , peut convenir également à toutes les conditions. Le premier homme , (alors innocent il étoit
deftiné par fon Auteur à un Bonheur fans
mélange) le Pere du genre humain fut
placé dans une campagne riante & délicieufe. En jouir & la cultiver , ce devoit
être fon occupation , la fource d'une félicité pure & le préfervatif de fon innocence. Malgré la trifte révolution qui a
changé la face de la terre , qui a laiffé
des traces encore plus profondes dans le
corps & dans l'ame des malheureux
humains, nous fentons que nous fommes
faits pour la vie de la campagne , que
rien ne peut étouffer ni remplacer
dans notre cœur la Nature. Nous foupi-
rons après elle du fond de ces cités fu-
perbes , où elle eft méprifée , méconnue
ou défigurée : nous voulons du moins en

avoir fous les yeux le fimulacre & l'image. Vain fimulacre, image trop infidèle !
ce n'eft pas même dans ces châteaux trop
voifins de la Capitale , d'où l'art & le
luxe ont chaffé l'aimable & naïve Nature , que nous devons chercher les délices qu'elle nous promet. Voulons-nous
nous affranchir des chaînes, du tumulte
& de la frivolité de la ville , échapper
aux fots , aux fâcheux, aux méchans ?
fuyons dans quelque afyle champêtre qui
foit ignoré d'eux, ou dont l'innocence &
la fimplicité les écarteroient bien-tôt, s'ils
venoient à le découvrir. Qu'il eft doux
de jouir de la Nature en des lieux où
l'art humble & foumis la laiffe encore ré-
gner ! Qu'il eft doux, à l'abri de tout ce
qui peut diftraire , enivrer & féduire ,
de jouir de foi – même & d'un petit
nombre d'amis vertueux !

    Les plaifirs fimples & tranquilles de la
campagne font infipides, il eft vrai, pour
les cœurs accoutumés à n'être ébranlés

que

Rouffeau ,
Liv. 1. Od.

que par les violentes fecoufles des paffions ; pour qui ne connoît que les plaifirs bruyans & rafinés, affaifonnés par la
débauche, ou achetés à grands frais, &
qui eux-mêmes commencent à ne plus
faire que de foibles impreffions. Mais
pour ceux qui fe tenant dans le chemin
de la Nature, n'ont ni énervé leur ame
ni ufé leurs fens, le féjour de la campagne
eft une fource d'agrémens qui paroiffent
toujours nouveaux. La vie la plus conforme à la Nature, la plus amie de l'innocence & de la candeur, la plus utile à
la République, eft celle qu'ils préferent
à toute autre.

Mais cette vie eft fi uniforme, fi mono-
tone, & par conféquent fi ennuyeufe !
Reproche auffi injufte qu'il eft facile à
détruire. C'eft véritablement la vie du
grand monde & de la Cour qui doit être
infupportable par fon éternelle unifor-
mité. Le cercle des ufages, des vifites, du
cérémonial, des occupations de la Ville

& de la Cour, celui même des inven-
tions & des plaisirs de l'art est très-
borné. Le champ de la Nature est immense : rien de plus varié, de plus riche,
de plus changeant même, que les scènes
qu'elle étale à nos yeux dans les diverses.
saisons.

Le réveil de la Nature au printemps,
la douce haleine des zéphyrs, l'émail
renaissant des fleurs, le murmure des
eaux qui viennent de rompre leurs chaînes, les jeux & les amours des habitans
de l'air, de la terre & des ondes, les.
phénomènes, les feux, les orages & les
récoltes de l'été, les trésors. & les fêtes
de l'automne, le repos même & la pai-
sible jouissance de l'hiver, les sites, les
couleurs, les tableaux, les travaux & les
productions de la campagne, qui sans
cesse se succèdent & se diversifient, les
prodiges sans nombre que la Nature présente à la curiosité & aux recherches de
tous ceux qui ont des yeux pour la con-

templer & la connoître ; les mœurs fimples & ingénues de ces hommes précieux
& refpectables, qui par leurs fueurs &
leur induftrie, fertilifent & embelliffent
nos vallons, nos côteaux, nos parcs,
nos jardins : n'eft - ce donc pas pour
l'homme, le Sçavant, le Philofophe une
fource inépuifable d'occupations, d'a-
mufemens, de douces rêveries, d'études
& d'obfervations piquantes & délicieufes ?

Et c'eft dans le loifir de la vie champêtre, loin des orages & de l'enchante-
ment des paffions, que l'ame fe nourrit,
s'éleve, fe fortifie par de folides & fublimes méditations. C'eft auffi après la
liberté & les douceurs de la vie champêtre qu'ont toujours foupiré les Sages
des fiècles paffés & du nôtre. Boileau
dit au nom de tous :

Oui, Lamoignon, je fuis les chagrins de la ville,   Epit. 6.
Et contre eux la campagne eft mon unique afyle.
. . . . C'eft là que mon efprit tranquille

Met à profit les jours que la Parque me file....
Tantôt sur l'herbe assis au pied de ces côteaux,
Où Policrène épand ses libérales eaux,
Lamoignon, nous irons, libres d'inquiétude,
Discourir des vertus dont tu fais ton étude,
Chercher quels sont les biens véritables ou faux :
Si l'honnête homme en soi doit souffrir des
    défauts :
Quel chemin le plus droit à la gloire nous guide,
Ou la vaste Science, ou la vertu solide......
O fortuné séjour ! ô champs aimés des Cieux !
Que pour jamais foulant vos prés délicieux,
Ne puis-je ici fixer ma course vagabonde,
Et connu de vous seuls, oublier tout le monde !

Plaisirs innocens, plaisirs purs sans doute & bien dignes d'être enviés ! Mais rien n'est comparable à la satisfaction secrette dont la vertu même est la source inépuisable dans tous les lieux comme dans tous les temps ; au témoignage qu'elle seule peut se rendre de ne s'être pas détournée un instant du sentier étroit du devoir, de ne s'être jamais laissé corrompre, énerver, intimider, de n'avoir fait usage de la fortune que pour le soulagement du malheureux, du pouvoir qu'en faveur de l'innocent, des lumieres que pour éclairer les Princes & les Peuples sur leurs véritables intérêts, pour venger les mœurs & la Religion. Rien n'est au-dessus de l'avantage inestimable de marcher par-tout tête levée, sans avoir jamais à rougir, sans entendre autour de soi que les accens de l'estime, du respect & de la reconnoissance de ses semblables.

Car la vraie vertu ne peut être renfermée en elle-même. Une douce & invincible pente la porte à se communiquer & à communiquer tout ce qu'elle a, pour la consolation & le Bonheur des humains. C'est dans ces secours, dans ces services conformes à son état, & qui souvent paroissent supérieurs à ses forces, que la vertu trouve les plaisirs les plus exquis.

Un cœur qui ne sent que ses propres

Plaisirs de la bienfaisance.

L iij

maux, qui n'eſt pas ému par les cris &
les larmes, qui n'eſt pas déchiré par le
ſpectacle de la déſolation d'une famille
infortunée, pour tout dire en un mot,
un cœur de bronze ; non, on a beau
vanter ſa vertu & ſon intégrité, il n'en
a que le maſque : c'eſt un homme dénaturé : ce n'eſt pas un homme, c'eſt un
monſtre. La premiere vertu, & le germe
précieux de toutes les vertus ſociales,
c'eſt l'humanité. Non, il n'aime que lui ;
mais auſſi il s'aime ſans avoir de rival,
& il eſt privé à jamais du plaiſir le plus
touchant, celui qui naît de la compaſſion & de la bienfaiſance.

Ce n'eſt que du moment qu'on a goûté
ce plaiſir, qu'on peut ſe vanter d'avoir
connu le Bonheur. Une ame accoutumée
à ce genre ſupérieur de plaiſirs, voudroit toujours les goûter, ſouffre à peine
la plupart des autres, & ne leur en compare aucun. S'il eſt permis de me citer,
parce que l'expérience ſeule peut faire
preuve ici, j'avoue que je n'ai jamais

rien éprouvé de comparable à la douce
& pure joie, dont mon ame fut comme
inondée, la première fois que je trouvai
l'occasion de faire du bien & d'adoucir
le sort d'un malheureux. Quoiqu'alors
dans cet âge que l'ardeur du sang, le
défaut de réflexion & d'expérience entraînent presque toujours vers les plaisirs des sens, je sentis que ceux-ci n'é-
toient rien au prix de cette satisfaction
délicieuse qui pénétre jusqu'au fond de
l'ame, qu'ils ne pouvoient qu'en effleurer la superficie pour quelques instans,
mais que le plaisir né de la vertu & de
la bienfaisance la remplissoit toute entiere, & qu'aussi durable que délicieux,
il se renouvelloit encore tous les jours.

Le caractere particulier qu'a ce plaisir
de nous être commun avec ceux que nous
obligeons, le redouble & le multiplie à
proportion de leur nombre & de la nature
des bienfaits. Bien plus, en n'usant de
notre fortune & de nos richesses que pour

faire le Bonheur des autres, nous fommes affurés de gagner les cœurs de ceux même que nous n'obligeons pas. Nous les déterminons plus efficacement que par tout autre moyen à s'intéreffer, à concourir eux-mêmes à notre Bonheur. Perfonne ne leur en paroît plus digne que celui qu'ils regardent comme leur ami & leur bienfaiteur, puifqu'il eft l'ami & le bienfaiteur de l'humanité. Adorés de ceux qu'ils ne connoiffent pas, comme de ceux qui les environnent, les cœurs bienfaifans & généreux voyent tout le monde s'empreffer à leur faire goûter le Bonheur, qu'ils fe font efforcés de procurer à leurs femblables. Ils le goûteroient encore, quand perfonne ne penferoit à le leur faire goûter.

Car indépendamment de cette ré‑compenfe fi flatteufe, un cœur bienfai‑fant trouve fa récompenfe dans la bien‑faifance même. Par la compaffion & la fenfibilité, il paffe en quelque forte dans l'ame de celui qu'il oblige & se confond avec elle. Il goûte tout le contentement qu'éprouve celle-ci, délivrée du poids de la misere & de l'affliction ; mais sans avoir éprouvé la peine & l'humiliation de cet état ; mais avec un sentiment flatteur de supériorité, qu'il ne faut pas confondre avec l'orgueil, & auquel il est permis de se livrer, puisque c'est la Divinité même qui l'a ménagé à l'homme bienfaisant (1).

En faisant un heureux, vous êtes heu-

______

(1) Il n'arrive que trop que l'orgueil se glisse dans les actions les plus vertueuses, & qu'il gâte même tout le bien que nous faisons aux autres. Qui en doute ? Mais je parle d'un sentiment, d'un plaisir attaché nécessairement à l'acte de bienfaisance, qui peut assurément s'exercer sans orgueil : l'orgueil ne peut que le corrompre. Le Philosophe bienfaisant qui a souvent éprouvé ce que je dis ici, m'a compris sans peine. Si d'autres m'accusent d'autoriser l'orgueil, je les prie, avant de me condamner, de s'exercer quelque temps à pratiquer la bienfaisance & d'étudier alors ce qui se passe dans leur cœur : sinon qu'ils me permettent de les récuser comme Juges incompétens.

reux du Bonheur que vous procurez.
Vous l'êtes encore du Bonheur propre
de la bienfaisance ; Bonheur, dont l'Auteur de la Nature a voulu récompenser
ceux qui marcheroient sur ses traces.
C'est en effet par la bienfaisance que les
mortels semblent approcher de la Divinité. C'est à la bienfaisance qu'on éleva
d'abord des autels, & c'est à elle que
toutes les nations remettroient leur scep-
tre, s'il étoit encore entre leurs mains.
Aussi le plaisir qui suit les actions de
bonté & de générosité, semble être d'une
nature toute différente des autres plaisirs, semble avoir quelque chose de divin. Mais il n'y a que ceux qui ont mérité
de l'éprouver qui puissent le connoître ,
qui puissent m'entendre.

Si quelque chose pouvoit faire entrer
l'ambition dans le cœur de l'homme
modeste & vertueux , si quelque chose
pouvoit la justifier ; ce seroit sans doute
cet avantage que nous envions avec tant

de raison à l'opulence & à la grandeur, &
que trop souvent l'opulence & la grandeur ne connoissent pas même, l'avantage
de secourir l'indigent, d'essuyer les larmes d'un Peuple désolé, de soutenir le
foible, de sauver l'innocent, de relever
l'opprimé, de faire des heureux : ce seroit le plaisir céleste, le Bonheur, qui en
est le fruit & le digne salaire. Car,
comme on l'a dit fort judicieusement,
« l'homme dont la journée auroit été
» employée à faire du bien, & qui le
» soir n'éprouveroit pas le sentiment
» pur & complet du Bonheur, seroit un
» être contradictoire & inconcevable. » *(Lettre sur l'Homme par un Physicien de Nuremb. Variétés littéraires.)*

  » Quelle heureuse place que celle qui
» fournit dans tous les instans l'occasion
» à un homme de faire du bien à tant
» de milliers d'hommes ! » La Bruyere
ajoute, pour la consolation de l'humble
citoyen : « Quel dangereux poste que
» celui qui expose à tous momens un
» homme à nuire à un million d'hom- *(Caract. de la Bruyere, ch. 10.)*

» mes!» Mais comment ceux à qui leur
élévation & leur fortune permettent de
goûter chaque jour le Bonheur, en font-
ils si peu jaloux ? Qu'ils soient froids &
indifférens pour le reste des hommes, je
m'en étonne moins; mais le font-ils aussi
Ibid. pour leur propre intérêt ? « Si les hom-
» mes ne sont point capables sur la terre
» d'une joie plus naturelle, plus flatteuse
» & plus sensible que de connoître qu'ils
» sont aimés, & si les Grands & les
» Riches sont hommes, peuvent-ils ja-
» mais acheter trop les cœurs ? »

Après avoir essayé une fois du contentement attaché à chaque trait de
bienfaisance, comment ne sont-ils pas
empressés de renouveller à chaque instant le plus délicieux de tous les sentimens ? Ne les entendons-nous pas au
contraire se plaindre de l'épreuve qu'ils
ont faite ? Ne disent-ils pas qu'on est si
mal payé des services, des largesses, du
bien qu'on fait aux hommes en tout

genre, qu'on se lasse infailliblement d'en
faire, & qu'en multipliant les bienfaits,
on est assuré de ne multiplier que les
ingrats?

On peut appliquer aux différentes
conditions de la société ce que Boileau
a remarqué sur la premiere de toutes.
On y trouve toutes les sortes de mérites:
rien n'est rare que des hommes qui mettent leur gloire & leur Bonheur à faire
du bien aux hommes.

Chaque siècle est fécond en heureux téméraires. Epit. 1.
Chaque climat produit des favoris de Mars. . . .
Mais un Roi vraiment Roi, qui sage en ses pro-
   jets,
Sache en un calme heureux maintenir ses Sujets,
Qui du Bonheur public ait cimenté sa gloire,
Il faut pour le trouver courir toute l'Histoire.
La Terre compte peu de ces Rois bienfaisans.
Le Ciel à les former se prépare long-temps.

Oui, dans tous les états, comme dans
tous les siècles, il naît bien peu de cœurs
vraiment bienfaisans, qui obligent pour

le plaisir d'obliger. C'est par caprice, par vanité, par oftentation, par foiblesse, par intérêt, qu'on fait du bien. L'avarice met les graces à l'enchère, l'audace les enlève, l'importunité les arrache, l'adulation les dérobe, la volupté les paye; l'intrigue, le crédit, la baffesse, l'impofture, des talens ou frivoles ou criminels fe les partagent. Si les ames reconnoiffantes ne font pas en grand nombre, parce que la reconnoiffance n'a rien que d'humiliant pour l'amour propre, les ames vraiment généreufes ne font peut-être pas plus communes. Comment les Grands obligent-ils? Les délais, les rebuts, les hauteurs, les reproches éternels qu'il faut dévorer, les facrifices, & fouvent les baffeffes qu'ils exigent, font acheter leur protection & leur faveur toujours fort au-deffus de leur valeur effective. Le mépris & la haine pour leurs perfonnes, l'horreur de leur tyrannie, voilà les fruits qu'ils doivent s'at-

tendre à recueillir. Jamais ils ne se mettent à la place du malheureux : jamais ils
ne souffrent avec l'innocent opprimé ;
avec un père désolé, avec des vassaux
plongés dans l'abyme de la misere & du
désespoir : comment pourroient-ils sentir
le changement inespéré de leur situation,
devenir heureux avec eux ?

Ne craignons pas de répéter ce qu'on ne
peut assez inculquer aux hommes. La bienfaisance ne donna jamais lieu au repentir :
elle a toujours son prix , puisqu'elle
est toujours récompensée par le plaisir
d'obliger. Elle ne s'attend pas à la reconnoissance, elle ne l'exige point ; elle ne
cherche qu'à faire le Bonheur des autres.
C'est un moyen infaillible de faire le sien
propre : c'est un moyen infaillible de ne
jamais souffrir de l'ingratitude, & presque
sûr de ne pas l'éprouver. On croira sans
peine qu'elle ne rend jamais ses services
odieux en les rappellant, en les enflant
sans cesse, en accablant du poids de sa

supériorité des hommes plus à plaindre pour avoir trouvé de pareils protecteurs, que pour avoir essuyé les revers de la fortune.

Le plus avare des hommes est moins avide de grossir son trésor, qu'un cœur généreux & bienfaisant n'est empressé à verser les largesses & les graces dans le sein des malheureux. Il ne croit sa fortune bien solide & à l'abri des coups du sort que lorsqu'il l'a partagée avec tous ceux qui l'entourent. Ce fameux Romain qui combattoit avec Auguste pour l'Empire du Monde, trop étroit pour deux Maîtres, vaincu, dépouillé de tout dans le même moment, sentit cette grande vérité, & lui rendit un témoignage frappant qui doit instruire tous les siècles : *il ne me reste*, s'écria-t-il alors, *que ce que j'ai donné.*

Plutarque.

Mille exemples éclatans, combien d'autres qui le font moins, mais qui, plus près de nous, doivent faire encore plus d'impression, d'impreſſion, nous apprennent s'il faut compter ſur les biens de la fortune. Circulant ſans ceſſe dans la ſociété, ne ſe fixant nulle part, ils ne ſont véritablement en propre à perſonne. Mais quiconque a connu leur véritable deſtination, le ſeul endroit par où ils ſoient eſtimables, a ſçu ſe les aſſurer pour toujours, en ſoulageant ſes ſemblables, en faiſant renaître le calme & la joie dans le ſein d'une famille déſolée ; en portant de prompts ſecours à l'innocence & à la pudeur près de périr entre le précipice de la miſere & du déſeſpoir & le ſentier unique du crime & de l'infamie ; en conſolant les malheureux du dérangement des ſaiſons, de la dureté des Grands, des vexations des ſubalternes, & ce qui n'eſt pas un moindre bienfait, en empêchant qu'ils ne ſoient forcés à ſe ſervir de ſecours cruels ou humilians. Oui, en ſe dépouillant de ſes biens pour ces divins uſages, on en conſerve à jamais la

M

jouiſſance; on les retrouve au centuple,
& au fond de ſon cœur dans lé témoignage délicieux de la conſcience, & au
dehors dans l'eſtime, l'amour, la véné-
ration publique. La mort qui ravit tout,
ne peut nous les ravir. Ce que la bienfaiſance a conſacré devient immortel
comme elle-même : la gloiré, la félicité
en ſont à jamais l'apanage.

Et de quoi ſervent à l'avare des tréſors
auxquels il n'oſe toucher ? De quoi ſer-
vent-ils à l'ambitieux, pour qui l'époque
de ſon élévation eſt celle de la perte de
ſon repos, de ſa ſûreté, de ſa liberté;
au voluptueux qui, avec des plaiſirs de
quelques rapides inſtans, achète une
honte qui ne s'efface pas, la langueur
& les infirmités de l'âge décrépit au
printemps de ſes jours ?

Les Grands, pour leur malheur encore plus que pour le malheur des Petits,
ignoreront donc toujours le véritable
uſage de l'autorité & de la fortune. Les

Grands, dit avec trop de vérité la
Bruyere, « fe piquent d'ouvrir une allée
» dans une forêt, de foutenir des terres
» par de longues murailles, de dorer
» des plafonds, de faire venir dix pouces
» d'eau, de meubler une orangerie :
» mais de rendre un cœur content, de
» combler une ame de joie, de prévenir
» d'extrêmes befoins, ou d'y remédier,
» leur curiofité ne s'étend pas jufques
» là ».

Auffi leur pouvoir, qui femble n'avoir
point de bornes, ne s'étend pas non plus
jufqu'à procurer la paix & la fatisfaction de l'ame. Nos Créfus ne font pas
encore affez riches, pour acheter le feul
bien fans lequel ils ne peuvent jouir
pleinement des autres. » Un homme fort
» riche, dit encore la Bruyere, peut
» manger des entremets, faire peindre
» fes lambris & fes alcoves, jouir d'un
» palais à la campagne & d'un autre à
» la ville, avoir un grand équipage,

Ch. 9. Des
Grands.

M ij

» mettre un Duc dans fa famille, & faire
» de fon fils un grand Seigneur ; cela eft
» jufte & de fon reffort. Mais il appar-
» tient peut-être à d'autres de vivre
» contens ».

Les Grands durs & dédaigneux méconnoiffent à la fois leur intérêt , leur
devoir , la loi fuprême de celui de qui
ils tiennent tout ce qu'ils font. » Lorfque
» Dieu forma le cœur & les entrailles
» de l'homme, il y mit premierement la
» bonté, comme le propre caractere de
» la Nature divine, & pour être comme
» la marque de cette main bienfaifante
» dont nous fortons. La bonté devoit
» donc faire comme le fond de notre
» cœur, & devoit être en même-temps
» le premier attrait que nous aurions en
» nous-mêmes pour gagner les autres hom-
» mes. La grandeur qui vient par-deffus,
» loin d'affoiblir la bonté, n'eft faite que
» pour l'aider à fe communiquer davan-
» tage, comme une fontaine publique,

Boffuet.
Oraifon fun.
du   Grand
Condé.

» qu'on éleve pour la répandre. Les
» cœurs font à ce prix, & les Grands,
» dont la bonté n'eft pas le partage, par
» une jufte punition de leur dédaigneufe
» infenfibilité, demeureront privés éter-
» nellement du plus grand bien de la vie
» humaine, c'eft-à-dire, des douceurs
» de la fociété ».

Ils le feront à plus forte raifon des douceurs de l'amitié, derniere fource du Bonheur humain, & qui n'eft encore autre chofe que la vertu, mais la vertu foutenue, fortifiée, élevée au - deffus d'elle-même par l'étroite & indiffoluble union avec la vertu. Car il ne peut y avoir de fociété, digne du nom d'ami-tié, qui n'ait la vertu pour bafe & pour terme. L'intérêt, le plaifir, toutes les paffions, le caprice feul ou l'occafion peut bien faire contracter des liaifons vives & intimes, qui pour des yeux qui ne s'y connoiffent point, ont toutes les couleurs de l'amitié. Rien dans le fond

Plaifirs de l'amitié.

M iij

n'en eft plus différent. Pourrions-nous proftituer ce nom facré à des liaifons fortuites, mercénaires, frivoles, ou même vicieufes? Auffi loin d'être immortelles comme l'amitié, trouvent-elles le principe de leur deftruction dans le principe même qui les fit naître. Eh! que peut-on attendre de mieux de la baffeffe de l'intérêt toujours mobile, des accès irréguliers de la paffion, ou de la chaleur intermittente du fang? Que dis-je? un cœur, le jouet du caprice, ou livré à quelque paffion violente, dévoré par l'ambition, rongé par la cupidité, defféché par la jaloufie, ufé par l'amour, eft incapable d'amitié, fentiment qui demande un cœur libre, ferein, entier, immuable.

L'homme né pour la fociété, pour y remplir les devoirs que lui marquent fes forces, fes talens, la place qu'il y occupe, y eft invité par fon propre intérêt, par l'attrait de fon Bonheur, qu'il efpéreroit follement trouver dans lui feul. *Il n'eſt pas bon que l'homme ſoit ſeul*, dit ſon divin Auteur, après l'avoir formé. Preſſé de mille beſoins depuis l'inſtant qu'il entre dans le monde juſqu'à celui où il diſparoît, pour ſe réunir à tous ceux qui l'ont précédé, les beſoins de ſon cœur ſont & les plus vifs & les plus déliçieux à ſatisfaire. Malheureux, ô le plus malheureux des hommes, s'il en étoit un qui ne ſentît pas le beſoin de la ſociété, le beſoin d'aimer & d'être aimé ! Il ſeroit ſans reſſource, ſans eſpoir : mais ce ne ſeroit pas un homme, ce ſeroit un monſtre ou un rocher.

Si la ſociété, ſi l'union des cœurs eſt la ſource par excellence du Bonheur, il s'enſuit donc que la ſociété de toutes la plus intime, l'union la plus complette & la plus durable, doit être néceſſairement la plus délicieuſe. L'expérience de tous les jours nous apprend ce qu'il en faut rabattre. « Il y a de bons mariages, nous

Réflexions morales.

» dit le Duc de la Rochefoucault, mais
» il n'y en a point de délicieux »: &
l'on sçait combien les premiers même
font rares. Mais y a-t-il rien, dit-on,
de comparable à l'avantage unique de
trouver dans son épouse une amante à
la fois & une amie, une compagne inféparable, avec qui tout eft commun,
plaifirs, peines, fortune, pertes, honneurs, difgraces ? & ces nœuds les plus
étroits qu'il y ait fur la terre, font encore refferrés par les chaftes fruits de
l'amour mutuel, dans qui ce couple heureux fe voit renaître, dans qui il vivra
encore lorfqu'il ne fera plus.

Il faut l'avouer : le mariage dans la
fpéculation, un mariage parfaitement
afforti, formeroit l'union la plus heureufe qu'on puiffe imaginer. Tous les
vœux de la Nature remplis, que refte-
roit-il à fouhaiter ? Mais qui en a vu de
ces mariages ? *Qui trouvera la femme forte*,
dit l'Efprit-Saint ? Et quand on auroit

trouvé ce prodige, il en faut un second encore plus étonnant, c'est qu'il se trouve un homme digne d'elle, & que ce soit lui précisément qui vienne partager ses destinées.

Presque tous les mariages péchent dans le principe. Quel est-il en effet ? l'intérêt, l'ambition, une passion aveugle & éphémere, le hasard ; presque jamais la convenance & la considération des caracteres, des goûts, des vertus, des foiblesses même. On se jure un amour éternel sans se connoître : on se déteste dès qu'on se connoît. Avant de s'unir, on se pare d'attraits & de vertus étrangeres, on couvre d'un voile imposteur tous ses défauts ; & presqu'au moment qu'on est mis sous le joug, pour l'appesantir à jamais, le masque tombe, les vertus disparoissent avec les attraits, tous les défauts, les travers, les bizarreries se montrent dans toute leur difformité. L'obligation seule de porter ce

joug tous les jours fuffiroit, pour le rendre
infupportable à la plupart des hommes.
Combien en eft-il de capables d'une conftance qui ne voit pas de terme ? A des
efprits follement jaloux de la liberté, il
ne faut que le nom & la condition d'é-
poufe, pour faire à l'inftant évanouir des
charmes dont ils étoient épris.

Mais fuppofons de part & d'autre
l'affemblage le plus rare d'excellentes
qualités , & même d'agrémens : on ne
fçait que trop qu'il y a des mérites in-
compatibles , & qui font bien loin de
pouvoir contribuer à leur Bonheur mutuel. Le plus grand effort de vertu dont
ils foient capables, c'eft de fe fupporter.
Qu'on ne croye pas qu'il faille toujours
pour cela une oppofition marquée d'humeurs & d'inclinations. La conformité
même fuffit quelquefois pour produire
cet effet. Deux tempéramens ardens fans
ceffe oppofés l'un à l'autre feront toujours en feu. Deux tempéramens froids

feront engourdis par des glaces que rien ne peut fondre.

N'en connoît - on pas, me demande-ra-t-on, de ces unions où l'époux & l'épouse se convenant parfaitement, il ne leur reste rien à desirer de ce côté là ? Je le veux. S'ensuit-il qu'ils trouveront dans cet engagement toutes les délices qu'ont coutume de se promettre ceux qui le forment, sans avoir acquis aucune expérience en ce genre ? A-t-on oublié les charges, les embarras, les soucis qui en font l'apanage inséparable, & qui paroissent si redoutables à ce nombre prodigieux de célibataires, qui grossit tous les jours ; les alarmes, les chagrins mortels, le déshonneur, qui trop souvent marche à la suite de ces enfans qu'on se croyoit malheureux de desirer, qu'on se trouve plus malheureux d'avoir obtenus?

Mais enfin n'en est-il pas de ces mariages heureux ? C'est bien ici le cas de répondre avec la satyre :

 Sans doute, & dans Paris, si je fais bien compter;
Il en est jusqu'à trois que je pourrois citer.

Prétendrions-nous par là dégoûter du
mariage, inviter au célibat, je dis le célibat de luxe, de licence, de système
prétendu philosophique? A Dieu ne plaise
qu'on nous reproche d'avoir voulu autoriser un désordre contre lequel la Politique & la Morale, la Nature & la Religion s'élevent avec une égale force. Les
mariages plus rares & moins féconds
seroient encore moins respectés & plus
orageux. De pareils célibataires, sourds
à la voix de la Patrie, hors de la route
tracée aux humains dès l'origine du
monde par leur divin Auteur, ne peuvent être innocens & sans remords. Ils
ne peuvent donc être heureux. Nous
avons voulu dire seulement que le mariage, à moins qu'aux plaisirs de l'union
conjugale il ne réunisse les ressources de
l'amitié, est bien loin de suffire pour
le Bonheur de l'homme, pour remplir

fes defirs & fes befoins ; que c'eft même un motif de plus de fe jetter dans les bras de l'amitié, qui nous aidera à fupporter les épreuves & le fardeau d'une fociété, que, malgré la frivole & téméraire réclamation du libertinage & de la licence, la loi divine & la loi humaine de concert déclarent indiffoluble.

Nous avouerons même avec plaifir que le mariage, que le commerce des femmes, apperçu dans le point de vue où fe place l'Auteur *des réflexions fur les femmes*, eft une fource du pur & vrai Bonheur. Mais le tableau qu'il nous trace eft-il copié d'après le monde que nous connoiffons, ou d'après un monde idéal ? » Oh! fi ces exemples pouvoient rame- » ner parmi nous la Nature & les mœurs, » s'écrie M. Thomas, après avoir fait le » portrait de femmes *qui honoreroient* » *un autre fiècle que le nôtre*, fi nous pou- » vions apprendre combien les vertus » pour le Bonheur même font fupérieu-

Réflexions fur les Femmes, p. 206, &c.

» res aux plaisirs ; combien une vie sim-
» ple & douce, où l'on n'affecte rien,
» où l'on n'existe que pour soi, & non
» pour les regards des autres, où l'on
» jouit tour à tour de l'amitié, de la
» Nature & de soi-même, est préférable
» à une vie inquiete & turbulente, où
» l'on court sans cesse après un senti-
» ment qu'on ne trouve point : ah ! c'est
» alors que les femmes recouvreroient
» leur empire. C'est alors que la beauté
» embellie par les mœurs, commande-
» roit aux hommes, heureux d'être asser-
» vis & grands dans leur foiblesse. Alors
» une volupté pure & honnête assaison-
» nant tous les instans, feroit un songe
» enchanteur de la vie. Alors les peines
» n'étant pas empoisonnées par le re-
» mords, les peines adoucies par l'amour
» & partagées par l'amitié, seroient
» plutôt une tristesse attendrissante qu'un
» tourment. Dans cet état la société se-
» roit moins active sans doute, mais

» l'intérieur des familles feroit plus
» doux : il y auroit moins d'oftentation
» & plus de plaifir, moins de mouve-
» ment & plus de Bonheur. On parleroit
» moins de plaire, & l'on fe plairoit
» davantage. Les jours s'écouleroient
» purs & tranquilles : & fi le foir on
» n'avoit pas la trifte fatisfaction d'avoir
» pendant le cours d'une journée joué le
» plus tendre intérêt avec trente per-
» fonnes indifférentes, on auroit du
» moins vécu avec celles que l'on aime.
» On auroit ajouté pour le lendemain un
» nouveau charme au fentiment de la
» veille. Faut-il qu'une fi douce image
» ne foit peut-être qu'une illufion ? Et
» dans cette fociété bruyante & vaine,
» n'y a-t-il plus d'afyle pour la fimplicité
» & le bonheur ?

Ce morceau, où brille une Philofophie auffi touchante que folide, me paroît digne de fon Auteur. Mais je ne
voudrois pas dire que l'homme foit

heureux d'être asservi par les femmes, &
grand dans sa foiblesse. Ces idées contraf-
tent trop pour pouvoir fe concilier.
L'homme vraiment eftimable, digne &
jaloux de la prérogative de fon fexe, ne
peut renoncer à l'empire qu'il a reçu
des mains de la Nature. Mais cet empire
eft celui de la raifon, de la douceur &
de l'amour; & il y affocie une femme
fage & vertueufe. Tous deux feront
grands & heureux, parce qu'ils n'auront
pas plus à rougir de la fervitude & de
la foiblefle que de la dureté & de la tyrannie.

Retraçons un tableau encore plus naïf
& plus touchant de la félicité domefti-
que fous le règne des mœurs. » Ah !
» nous ne connoiffons point les vrais
» plaifirs, les plaifirs des mœurs : nous
» n'avons point d'idée de la révolution
» délicieufe qui fe paffe dans le cœur
» d'un bon citoyen, d'un homme ver-
» tueux, toutes les fois qu'il rentre dans
　　　　　　　　　　　　　　　　　　 » fa

Difcours fur les Mœurs, par M. Ser-van, ancien Avocat gé-néral du Par-lement de Grenoble.

» fa maifon, lorfqu'il fe dit à lui-même :
» il eft nuit, & j'ai travaillé tout le jour
» pour ma Patrie & pour mes devoirs ;
» mais voici le moment où je vais être
» payé de tout ; je vais retrouver ma
» femme, mes enfans, ma famille. A ces
» noms chers & facrés je fens treffaillir
» mon cœur ; mes pieds m'entraînent
» où mon ame eft déja. Je vais me réunir
» à moi-même. Tous m'aiment, tous
» m'attendent, & je fuis fûr que déja vingt
» fois mes enfans ont interrompu leurs
» jeux innocens pour demander à leur
» mère avec inquiétude fi leur père tar-
» deroit encore long-temps. A peine ils
» me verront, que je n'entendrai qu'un
» cri de joie : tous leurs regards, toutes
» leurs careffes feront pour moi, & je
» leur prodiguerai toutes les miennes :
» je les ferrerai dans mes bras tous en-
» femble, tous l'un après l'autre. Affis à
» la même table, fans doute ils me de-
» manderont compte de ma journée, &

N

» tout mon cœur leur fera ouvert:
» Qu'ai-je à leur cacher ? Je leur dirai
» ma joie & mes chagrins : quel plaifir
» de les voir fufpendre leur repas, les
» yeux attachés fur les miens, m'écou-
» ter avidement , pâlir à ma moindre
» peine, & s'entre-regarder en fouriant
» à mes moindres plaifirs, quelquefois
» m'interrompre par tendreffe, & fe
» retenir auffi-tôt par refpect, m'écouter
» encore quand je me fuis tu, attendant
» dans un long filence fi je n'ai plus rien
» à leur apprendre de moi: un de mes
» fignes, un coup d'œil, un fouris fera
» le fignal de quelques jeux où je ferai
» pris pour témoin, pour confeil, pour
» arbitre, & toujours pour leur père.
» Et que manquera-t-il enfin à mon
» Bonheur, s'il m'eft permis de terminer
» dans les bras de l'amour une journée
» toute confacrée à la vertu?»

Dans ce tableau raviffant l'Auteur a
cependant omis un principal perfonnage,

une mère & une époufe, qui en y jettant
l'agrément de la variété, en auroit aug-
menté le vif & tendre intérêt. Voilà véritablement des plaifirs & des mœurs de
l'âge d'or. Si c'étoient là nos plaifirs & nos
mœurs, fi à ces traits on reconnoiffoit la
plupart des familles, il faut en convenir,
la condition des célibataires feroit trop
malheureufe ; elle auroit trop à envier
à la fociété conjugale. Il n'y a que les
promeffes de la Religion qui pourroient
payer les facrifices faits à la Religion.
Mais, continue l'éloquent Magiftrat,
» les noms doux & vénérables de père,
» de fils, d'époux, n'ofent pas même
» aborder fur vos lèvres........ Si la
» reffemblance des noms étoit l'unique
» lien des familles, fi jettés en naiffant
» dans le fein d'une nourrice étrangere,
» les enfans avoient une mère, qu'ils
» n'euffent jamais embraffée ; fi vendus
» à des Inftituteurs mercénaires, ils
» avoient un père dont ils n'euffent ja-

N ij

» mais entendu les leçons ; si long-temps
» étrangers dans la maison paternelle,
» ils n'y rentroient que comme des
» maîtres futurs, impatiens de survivre
» & de commander »; alors sans doute
il y auroit plus d'égalité entre les conditions, & la liberté du célibat devien-
droit peut-être un objet de regrets.

On n'attend pas de nous un Traité
sur la maniere de se conduire dans le
mariage, ni sur les sources des désa-
grémens qu'on y éprouve, & qu'on s'y
donne réciproquement. D'ailleurs il
n'entre pas dans mon plan de discuter
en détail ce qui regarde les différens états.
Je me borne à rechercher & à develop-
per les moyens généraux pour toutes
les conditions, comme pour toutes les
conjonctures, de parvenir au Bonheur,
ou du moins de diminuer la somme des
maux qui sans cesse menacent ou affligent
mes semblables. Et je n'en connois point
ni de plus puissant, ni de plus universel,

ni de plus à la portée de tous que l'amitié.

Celui qui a dit qu'il n'y avoit pas de véritable Bonheur sur la terre, sans doute ou il ne connoissoit pas l'amitié, ou il ne la crut pas possible parmi les hommes. L'amitié n'offre pas les plaisirs de l'amour, il est vrai : elle seule cependant peut nous assurer le Bonheur. Si elle n'a pas la vivacité & les transports de l'amour, elle n'en a pas non plus les tourmens, les regrets, les dégoûts, les foiblesses, les remords, les caprices & les fureurs. Aussi égale, aussi durable que l'amour est incapable de l'être, les années, loin de l'user, la cimentent de plus en plus : elle survit aux graces & au feu de la jeunesse : elle ranime encore de sa douce chaleur les glaces de la vieillesse. Les cœurs guéris des violentes passions, se reposent délicieusement dans le sein de l'amitié. Là, comme dans un port assuré, ils oublient ou se rappellent avec une douce sécurité les écueils, les tempêtes

N iij

& les naufrages. Ceux qu'a toujours pre-
fervés l'impénétrable égide de la fageſſe,
goûtent encore mieux les voluptés pures
de l'amitié. Il n'y a que des cœurs ſublimes qui puiſſent atteindre à la perfection
de l'amitié ; il n'y a que des cœurs neufs,
& doués d'une vertueuſe fenſibilité, qui
foient capables de fe livrer à tout ce que
l'amitié a de tendre, de vif & de délicieux.

Mais on nous fait appréhender les
fuites d'une fenſibilité, qu'on repréſente
comme la ſource de nos chagrins les plus
cuiſans, & qui au poids trop accablant
de nos propres infortunes, ajoute celles
de nos amis, fouvent plus inſupportables
encore. Au milieu de ce déluge de maux
de toute eſpece, toujours prêts à inon-
der le féjour des humains, le moyen le
plus ſûr d'y échapper, s'il eſt poſſible,
c'eſt, dit-on, de ſe tenir abſolument iſolé,
d'amortir de plus en plus la fenſibilité
pour foi-même, de l'éteindre pour les
autres.

C'eſt donc ainſi qu'on prétend nous

empêcher d'être malheureux ; en nous ôtant le seul moyen d'être heureux !

Je conviens que la sensibilité d'une belle ame, d'une ame noble & généreuse, l'expose à éprouver de fâcheux contre-coups : mais aussi qui sera capable d'apprécier les délices dont elle est la source ? Ses larmes même & ses regrets sont tempérés par des douceurs secretes, qu'un ami tendre n'échangeroit pas contre l'apathie de ces cœurs de bronze, qui n'aimant personne, sont sûrs de n'être aimés ni plaints de personne.

Les plus malheureux des hommes ! Ils n'ont jamais essayé du Bonheur, puisqu'ils n'ont jamais goûté le plaisir le plus touchant & le plus pur ; celui d'aimer sans intérêt, sans partage, sans variation, sans bornes, & de sentir qu'on est aimé de même. Prospérité, honneurs, richesses, ils ne jouissent de rien, puisqu'il n'est personne avec qui ils jouissent. Joie insipide, qu'il faut garder dans le fond du cœur: trifte fortune, dont perfonne ne fe réjouit, trop fouvent fatale au repos, au Bonheur, à l'innocence; quand il manque un ami, qui garantiroit de l'ivreffe ou la diffiperoit, qui confoleroit de l'envie déchaînée, & feroit tête à la ligue de la haîne & de la calomnie!

Et l'adverfité écrafe de tout fon poids les infortunés qui n'ont point d'amis, parce qu'il n'eft perfonne qui l'adouciffe en la partageant. Mais pour qui a la reffource d'un parfait ami, il n'eft point de revers accablans: ils ne pefent plus, dès qu'un ami les porte avec vous: & vos larmes mêlées avec les fiennes perdent leur amertume. Il n'eft point de cœur flétri, ferré, déchiré, dont la main d'un ami ne ferme les plaies, qui à fa voix, à fa préfence feule ne fe ranime & ne s'épanouiffe.

C'eft dans toutes les fituations, c'eft dans toutes les conditions que l'amitié eſt de tous les ſecours le plus précieux & le plus néceſſaire. On a prétendu que dans les diverſes conditions il y en avoit une incompatible avec l'amitié. Mais s'il étoit décidé que les Rois ne peuvent avoir d'amis, le Trône n'auroit rien qui pût les dédommager d'une ſi cruelle privation. Ils ſeroient les plus infortunés des hommes, s'ils n'avoient pas un ami dans le ſein de qui ils pûſſent ſe délaſſer des pénibles & innombrables devoirs de la royauté, oublier du moins pour quelques inſtans la gêne de la repréſentation, les ſerviles & dégoûtans hommages des courtiſans, tous les écueils du faîte de la grandeur humaine.

Et la vérité, la vérité qui ne peut ceſſer un inſtant d'éclairer les Rois, ſans que le Bonheur des hommes en ſoit troublé, peuvent-ils eſpérer de l'entendre de la bouche d'un autre que d'un ami ſincère & déſintéreſſé ? La trouveroientils donc fur les lèvres d'un troupeau d'efclaves ou d'adulateurs, dont le cœur & la langue font vendus à l'artifice & au menfonge, & proftitués à l'idole de la fortune ; qui obfédant nuit & jour le Trône, ont confpiré enfemble pour intercepter tous les rayons de cette lumiere divine, qu'ils haïffent, & qu'ils redoutent encore plus ?

L'amitié fans doute eft encore plus néceffaire aux Rois qu'à leurs Sujets ; mais il faut convenir que l'amitié des Rois eft la plus rare de toutes, la plus délicate & la plus équivoque. L'amitié trouve l'égalité ou la fait ; & le Trône met toujours une diftance immenfe entre le Prince & le premier de fes Sujets. Quelle élévation d'ame dans celui-là pour fe dépouiller de fa grandeur devant un ami, & pour defcendre jufqu'à lui ! Que de fageffe & de vertu, que de Bonheur même dans celui-ci, pour traiter en quelque forte d'égal avec fon maître, pour fe mainte-

nir fans flatterie, fans baffeffe, fans intrigue, & fans oublier jamais ce qu'il
étoit, & ce qu'il peut redevenir à chaque
inftant ! En un mot n'enlevons pas à une
condition qui fe dévoue pour toutes les
autres, la douce & confolante efpérance
d'un fecours que rien ne pourroit remplacer. Mais avouons - le, puifque nous
y fommes forcés, ce n'eft que dans les
conditions privées que l'amitié eft auffi
sûre que délicieufe.

Et fans l'appui & la confolation de
l'amitié, la vie détrempée de tant d'a-
mertumes, en butte à tant d'orages,
feroit un préfent que le ciel nous auroit   De amicit.
fait dans fa colère. Les richeffes, le crédit,
le plaifir, la fanté, tous les biens, dit
Cicéron, ont des effets néceffairement
bornés : l'avantage de l'amitié feule
s'étend à tout. C'eft elle qui donne un
nouveau prix à tous les autres biens, en
même - temps qu'elle adoucit tous les
maux. Elle eft d'ufage dans tous les
lieux, dans toutes les conjonctures ; &

jamais elle n'eſt importune , jamais elle ne laſſe , jamais elle ne s'uſe , jamais elle ne vieillit.

Deux parfaits amis ne ſemblent faire qu'un tout dans l'intention de la Nature : leurs ames, comme ſéparées par violence, ſont dans une agitation perpétuelle : elles ſe cherchent juſqu'au moment qu'elles ſe trouvent réunies. Auſſi-tôt elles paſſent à un calme profond & inaltérable : elles goûtent des voluptés pures , que ne peuvent imaginer ceux qui ne les ont pas ſenties. Les profanes , que l'amitié ellé-même n'a pas initiés à ſes myſte-res, ne les croiront point. Et ce n'eſt pas à nous à les leur révéler.

Si l'expérience avoit beſoin de l'auto-rité , nous pourrions citer en faveur de l'amitié la plus grande de toutes les auto-rités. « Heureux, s'écrie l'Eſprit-Saint , » celui qui a trouvé un véritable ami ! » Un ami fidèle eſt une défenſe invin-» cible : qui l'a trouvé, a trouvé un » tréſor ; rien ne lui peut être comparé.

Eccli. c. 6 & 26.

» L'or & l'argent ne font rien au prix
» de fa fidélité. »

Auffi quand on l'a trouvé ce parfait
ami, il tient lieu de tout ; & fans
lui le refte du monde n'eft rien. Avec
quelle rapidité, quelle légereté coulent
les heures, les années, & couleroient
les fiècles dans la compagnie d'un ami !
Quelles délices de penfer tout haut devant votre ami, de lui ouvrir votre
cœur, de voir le fien à nud; d'y voir
fes plus intimes penfées, des vertus de
l'âge d'or, une élévation de fentimens
qu'un monde frivole & corrompu ne
connoît point, & n'eft pas capable d'apprécier, une fière & courageufe indignation contre la licence & l'injuftice,
quand même elles fe pareroient des plus
grands noms, qu'elles s'environneroient
de toutes parts de l'éclat des honneurs, de l'opulence & du pouvoir.
Dans le fein d'un tel ami, que de-
firez-vous, que pouvez-vous juger
digne de vos defirs? Sans qu'il foit befoin

de parler, vous jouiffez de la converfation la plus touchante. Les yeux, les
cœurs parlent & s'entendent fans fe
tromper jamais.

Si cet état pouvoit durer toujours, ne
feroit-ce donc pas la félicité complette ?
Il eft vrai que ce Bonheur eft fouverai-
nement rare : il faut pour cela des ames
fi fublimes, fi défintéreffées, fi épurées
de la lie des paffions; ce n'eft pas affez,
il faut des ames faites l'une pour l'autre.
Combien de noms de parfaits amis les
fiecles jufqu'ici écoulés nous ont-ils
tranfmis ! Il eft aifé de les compter, &
prefque tous ces noms ne fe lifent que
dans la fable.

Tous ceux que l'ambition, l'intérêt,
la volupté, que quelque paffion forte a
fubjugués, l'amitié, je dis la parfaite &
jaloufe amitié, les exclud pour jamais de
fon temple. Elle demande des cœurs qui
foient tout à elle, capables des actions
& des dévouemens les plus héroïques,

& dignes à ce titre seul de s'abreuver des plus pures & des plus exquises voluptés.

Un grand Poëte a renfermé en peu de vers le précis de ce que nous venons de dire.

Pour les cœurs corrompus l'amitié n'est point
    faite.
O divine amitié ! félicité parfaite !
Seul mouvement de l'ame, où l'excès soit
    permis. . . . .
Sans toi tout homme est seul : il peut par ton
    appui,
Multiplier son être & vivre dans autrui.
Idole d'un cœur juste, & passion du Sage.

M. de Volt.
Discours de
la modérat.
en tout.

Je rougirois d'insister sur ce que la bassesse & la corruption du siecle voudroient nous faire valoir comme la plus forte épreuve de l'amitié, sur le plaisir & le devoir de partager sa fortune avec ses amis. Faut-il donc être ami ? Ne suffit-il pas d'être homme, d'avoir des entrailles, pour les sentir s'émouvoir à la vue des beſoins de ſes ſemblables, pour s'eſtimer heureux d'eſſuyer leurs larmes, de ſoulager leur infortune aux dépens d'une opulence ſuperflue & dangereuſe, dont le Pere & le bienfaiteur commun de tous les humains ne nous a faits les dépoſitaires qu'avec cette charge ſacrée & à jamais indiſpenſable ?

Inutilement nous étendrions-nous ſur les avantages & les délices de l'amitié. Ceux qui en ont fait l'heureuſe expérience en ſçavent plus que tous les livres, & nous ne nous flattons pas de perſuader les autres. Mais on attend peut-être que nous faſſions l'application des principes que nous avons tâché d'établir.

SECTION

SECTION VII.

Coup d'œil sur tous les âges & sur les diverses conditions, d'après les principes détaillés jusqu'ici.

Nous ne nous arrêterons pas (& ce feroit un détail auſſi ennuyeux que déplacé) à faire l'application de nos principes à chaque âge & à chaque condition: il nous ſuffira, pour être plus clairs & plus utiles, de parcourir rapidement les différens âges & les ſituations générales, où tous les hommes peuvent ſe trouver.

Sans doute on ne peut jetter trop tôt, ni creuſer trop avant les fondemens de l'édifice du Bonheur: jamais il n'eſt trop affermi, jamais il n'eſt achevé aſſez tôt. Ce feroit à la raiſon de chacun de nous à travailler à ce grand ouvrage, dès qu'elle a acquis & aſſez de lumières & aſſez d'énergie, pour percer les nuages, diri-

O

ger ou maîtriser l'essor des passions. C'est à ceux entre les mains de qui la Patrie ou la Nature nous a remis dès le berceau, à suppléer à notre foiblesse & à notre imprudence, à veiller sans cesse sur ces précieux dépôts; à prévenir même l'aurore de la raison, pour nous placer sur la route du Bonheur, pour épier & étouffer les germes presque imperceptibles de nos chagrins & de nos maux à venir.

La raison n'est pas encore près d'éclore; & déja nous avons une humeur, un cœur, les premiers traits du caractere. Voilà sur quoi il faut travailler avec une attention suivie, douce, éclairée. Ces inclinations, ces aversions qui commencent à percer, plus flexibles encore que les membres qui se développent chaque jour, sont disposées à recevoir toutes les impressions que sçait donner une main soigneuse & habile. Mais ne laissez pas échapper des momens fugitifs qui ne se

retrouveront point : tandis que ces ar-
brisseaux sont encore tendres, hâtez-
vous de les plier, pour les redresser. Que
ces hommes à peine naissans s'essayent
déja à pratiquer la bienfaisance & la
douceur ; qu'ils aiment la vertu, avant
même de la connoître.

On ne sçauroit de trop bonne heure
inspirer à l'enfance le goût de la bienfaisance & de l'humanité, ni lui en faire
contracter l'habitude, pour son avantage
propre & pour celui de la société. Mais
donnez de la vie & de l'intérêt à une
morale sèche & morte : mettez-la en
actions & en exemples. A cet âge sensible
& avide de spectacles, présentez souvent (hélas ! vous n'aurez pas besoin de
les chercher) des spectacles pathétiques
& attendrissans d'infortune : faites-lui
connoître & desirer le plaisir divin attaché à la soulager. Hâtez - vous de développer & de féconder dans ces cœurs
encore innocens le germe précieux qu'y

a mis la main même de l'Auteur de la Nature : n'attendez pas que l'ivraie des discours séducteurs, des exemples encore plus contagieux l'ait étouffé ou empoisonné. Tandis qu'ils sont ouverts à toutes les impréssions, ne cessez d'y verser d'heureuses semences qui donneront leurs fruits dans la saison. Du moins lorsque la fougue de l'âge & du sang sera calmée, la raison, cultivée par une excellente éducation, recouvrera ses droits ; les vérités de la Religion qu'on croyoit éteintes, & qui n'étoient qu'obscurcies par d'épaisses vapeurs, jetteront tout-à-coup une vive lumiere ; les vertus succées avec le lait reprendront peu à peu le terrein que les passions seront forcées d'abandonner. La douceur, la paix profonde de la vertu, qui remplaceront l'ivresse & le trouble de la volupté, feront bien-tôt oublier & détester celle-ci. Gardez-vous sur-tout des travers de l'éducation vulgaire qui renforce les défauts naturels au lieu de les sapper insensiblement, qui allume la sensualité, nourrit les caprices en leur obéissant, flatte la vanité, enhardit la présomption, rebute la timidité, prolonge l'enfance, irrite la malignité, & conduit sourdement, mais infailliblement, à l'infortune.

Tantôt on force l'esprit, lorsque le corps foible & délicat n'est point en état de le seconder, pour donner en spectacle de prétendus prodiges, qui n'éblouissent que les sots & finissent par l'imbécillité, ou par une mort aussi prématurée que cette vaine & trompeuse montre d'érudition. Plus souvent on ne parle qu'aux sens : on n'est occupé, sur-tout pour la plus aimable moitié du genre humain, qu'à former le corps, à en effacer ou en masquer les défauts, à relever, quelquefois à altérer, par tous les secrets de l'art, les graces de la Nature. Et ce rayon de la Divinité, qui seul nous donne la supériorité sur le reste des êtres, on semble ignorer qu'il nous anime dès l'âge le plus tendre, que dès-lors il est possible d'en tirer parti, & que plus on cultive cette précieuse plante, plus elle s'éleve, plus elle se développe & se hâte de porter des fruits.

En deux mots amuser utilement l'esprit, sans le rebuter ni le fatiguer ; laisser au corps, tandis qu'il croît & se développe, une entiere liberté ; étudier avec soin, exercer, cultiver, embellir & réformer l'ame & le caractere : voilà, si je ne me trompe, l'objet & la fonction de l'instituteur du premier âge.

Employé aussi sagement, il dispose à l'âge suivant, bien plus important & plus critique. Le Duc de la Rochefoucault le jugeoit-il trop séverement, lorsqu'il le définissoit : *une ivresse continuelle & la fièvre de la raison ?* Quel concours de qualités nécessaires dans celui qui se charge de dissiper cette ivresse, & de calmer l'ardeur de cette fièvre ? L'égalité

d'esprit & le sang froid, l'expérience &
les lumieres, de la douceur sans mollesse, de la fermeté sans dureté, de la
condescendance qui se fasse respecter,
de l'autorité qui se fasse aimer, le talent
d'inspirer à propos la crainte & la confiance, le goût des plaisirs vertueux &
utiles, l'horreur de la dissolution & de
ceux qui en font vanité : ce n'en est
pas trop pour préserver une jeunesse
également ignorante & téméraire des
innombrables écueils semés dans la carriere qui s'ouvre devant elle.

Dans les momens que la fougue des
passions, lassées ou satisfaites, cesse de
vous emporter, jeunes insensés qui cou-
rez à votre perte, jettez les yeux sur ce
qui vous environne : que la chûte funeste
de vos maîtres & de vos modèles vous
instruise & vous effraye : que du moins
vos propres erreurs, & ce qu'elles vous
ont coûté, vous en fassent éviter de plus
fatales. Eh ! quel aveuglement est le

vôtre, de conspirer vous-mêmes contre votre repos & votre Bonheur, d'acheter si cher de cruels & inutiles repentirs ; de perdre à la fois votre fortune, votre santé, votre honneur ! Vous ignorez donc que le vrai Bonheur ne peut se trouver dans le vice & dans l'infamie, qu'il y a des plaisirs infiniment supérieurs à ceux des sens & des passions ; que l'é-tude, le travail, la vertu, la bienfaisance font des sources intarissables de délices pures, qui ne lassent point, qui ne rassa-sient point, qui n'usent point le corps & ne flétrissent point l'âme, & dont le sou-venir, toujours doux & glorieux, per-pétue en quelque sorte la jouissance.

Ecoutez un moment l'aimable & élo-quent Précepteur de nos Princes, qui mérite bien de l'être du genre humain. Sans doute il faut que « vous goûtiez des » plaisirs, mais des plaisirs qui ne vous » passionnent ni ne vous amollissent » point : il vous faut des plaisirs qui vous » délassent, & que vous goûtiez en

Télémaque, ch. 8.

» vous possédant , mais non pas des
» plaisirs qui vous entraînent.........
» Réjouissez-vous, Télémaque , réjouis-
» sez-vous. La sagesse n'a rien d'austere
» ni d'affecté ; c'est elle qui donne les
» vrais plaisirs ; elle seule les sçait assai-
» sonner pour les rendre purs & dura-
» bles : elle sçait mêler les jeux & les ris
» avec les occupations graves & sérieu-
» ses : elle prépare le plaisir par le travail,
» & elle délasse du travail par le plaisir ».

Apprenez de quelle conséquence il est pour le Bonheur de vos jours de vous attacher à prendre incessamment le goût & l'habitude du travail : apprenez que sans cela, à charge à vous-même encore plus qu'aux autres, vous traînerez dans le mépris une vie désœuvrée , languis-sante, ennuyeuse ; incapables de servir la Patrie , d'être utiles à vos amis , de parvenir à être jamais contens de vous-mêmes ; incapables de rien de grand, de solide , d'honorable. Chargés d'une dette immense envers l'Auteur & le Modéra-

teur de l'Univers, de qui vous avez tout
reçu, envers la Patrie qui vous a tout
confervé, & qu'il s'eft fubftituée en
quelque forte, pour être à votre égard
comme une feconde providence vifible
& continuelle ; comment l'acquitterez-
vous cette double dette, fi vous ne faites
votre capital d'acquérir toutes les connoiffances néceffaires pour remplir la
place à laquelle il vous a deftinés ?

Prefque toujours l'ambition, la cupidité, ou des parens ou des jeunes gens,
quelquefois la fantaifie décide du choix
d'un état. Voilà pourquoi il eft fi peu de
perfonnes contentes du leur : voilà pourquoi tant de mérites déplacés font perdus
pour la fociété, ou deviennent même
nuifibles. Tel qu'on a dévoué au Minif-
tère pacifique des Autels, avoit eu en
partage une ame fière & audacieufe,
pour affronter les hafards de la guerre,
& marcher fur les pas des Céfars : d'autres qui d'une main mal affurée tiennent
la balance de Thémis, ou dont la fauffe

éloquence lui dicte d'iniques oracles, devoient, restant dans la route frayée par leurs pères, se borner à cultiver l'héritage qu'ils en avoient reçu, ou continuer l'échange utile des productions de notre climat & des fruits de notre industrie contre les trésors du nouveau monde.

La jeunesse employée à acquérir l'amour & la facilité du travail, à se rendre capable des fonctions auxquelles la Nature l'appelle, & fidèle à suivre cette voie qui ne peut égarer, sans doute le plus grand obstacle au Bonheur des particuliers, ainsi qu'à la prospérité des Empires, se trouveroit levé. La vie passée dans un état proportionné à nos forces & à nos talens, en cultivant les vertus, en remplissant les devoirs que la Nature & la Patrie attendoient de nous, une telle vie peut-elle être malheureuse ? Les traverses, dont elle n'est pas toujours exempte, sont du moins bien tempérées par les plus solides consolations. Elle nous fait paſſer inſenſiblement à une vieilleſſe auſſi douce qu'honorable.

C'eſt alors qu'on recueille tout ce qu'on a ſemé, qu'on goûte les fruits délicieux de ſes œuvres, de ſes vertus, d'une réputation que l'envie même & la calomnie ſont forcées de reſpecter. Le ſuccès avec lequel chacun a joué ſon rôle dans la jeuneſſe & dans l'âge qui la ſuit, décide néceſſairement du dernier acte de la vie. Le dénouement d'une pièce bien conduite n'eſt-il pas attendu avec impatience. Qui s'eſt jamais plaint après une longue navigation, de découvrir la terre & le port où il doit aborder? Y a-t-il un plaiſir plus touchant que de ſe rappeller alors les périls paſſés, les tempêtes ſoutenues ſans foibleſſe, les écueils qui menaçoient notre vertu, tous heureuſement évités? Peut-on ſe croire malheureux, après avoir combattu, après avoir vaincu, de voir approcher le moment d'être couronné?

Ce que nous avons dit regarde également ment tous les états, les Grands & le Peuple, l'opulence & la médiocrité. Nous écartons, je le répète, un détail ennuyeux, puisqu'il seroit superflu. Oui le Bonheur est indépendant des états, comme des lieux ou des temps. Il est attaché au caractère d'esprit, à la modération des desirs, à l'égalité & à la fermeté d'ame, à la vertu, à une vertu rigide pour soi-même, douce, humaine, compatissante, généreuse & bienfaisante pour les autres. Et ces précieuses qualités que rien ne remplace, sont également de toutes les conditions, avec cette unique différence que dans l'opulence & dans la grandeur elles sont plus rares & plus utiles, & par-là semblent mériter encore plus d'éloges.

Les deux fameux Satiriques Romains, l'un avec la finesse & l'enjouement que personne n'a égalés, l'autre avec le ton de véhémence qui le caractérise, peignent vivement la folie & la bizarrerie

de la plupart des hommes , toujours
agités , toujours mécontens de leur état ,
& foupirant fans ceffe après de prétendus avantages qu'ils maudiroient , s'ils
avoient le malheur de les obtenir.

« Comment arrive-t-il , dit Horace ,
» que perfonne n'eft content de fon état ,
» que tous envient le fort les uns des
» autres ? Fortunés marchands ! s'écrie
» le foldat ufé par les travaux encore
» plus que par les années. Que le métier
» des armes eft préférable au mien , s'é-
» crie de fon côté le marchand , lorfque
» fon vaiffeau eft le jouet des vents !
» Car enfin on en vient aux mains , &
» dans le moment , mort ou victorieux ,
» votre fort eft décidé. Le jurifconfulte
» voudroit être cultivateur , lorfqu'il
» entend fes cliens heurter à fa porte
» dès le point du jour ; & le cultivateur
» arraché à fa terre par un fâcheux pro-
» cès , ne trouve d'heureux que les ha-
» bitans de la ville. Voilà donc à quoi

» tient leur Bonheur. Mais qu'un Dieu
» touché de leurs plaintes se présente à
» eux & leur dise : me voici prêt à
» exaucer vos vœux. Vous , soldat,
» vous serez marchand ; & vous , juris-
» consulte, cultivateur. Changez donc
» entre vous d'état & de rôle. Quoi !
» vous restez comme vous êtes. Assu-
» rément ils ne voudront plus ».

Il est trop clair que leur malheur ne
venoit point de l'état dont ils se plai-
gnoient , comme le Bonheur n'étoit
point dans celui qu'ils envioient avec
aussi peu de raison.

« De Cadix au Gange & à l'Aurore ,
» crie Juvénal, il n'est presque personne
» qui sçache discerner les vrais biens &
» les vrais maux. Le nuage de l'erreur
» couvre toute la terre. Combien de
» fois ne nous sommes-nous pas repentis
» de nos vœux insensés ? Combien les
» Dieux, trop faciles à nous écouter ,
» n'ont-ils pas renversé de maisons !

Sat. 10.

Sans cesse ignorans de nos propres besoins,
Nous demandons au Ciel ce qu'il nous faut le
    moins.

» Vous brûlez d'accumuler les honneurs
» & les richesses ; c'est-à-dire que
» vous voulez voler au sommet de la
» fortune , pour vous préparer une
» chute plus éclatante & plus funeste.
» Vous demandez une femme & des
» enfans. Mais les Dieux seuls sçavent
» quels seront ces enfans & cette
» femme : laissez-donc les Dieux seuls
» décider de votre sort. Peut-être ne
» vous accorderont-ils pas ce qui sera
» le plus conforme à votre goût : ils
» vous donneront sûrement ce qui vous
» sera le plus avantageux. Contentez-
» vous de demander un corps sain , un
» esprit droit , une ame forte , au-dessus
» des vaines terreurs , des charmes de
» la volupté , des assauts des passions.
» Suivez, sans vous en écarter jamais,
» le sentier secret de la vertu : c'est celui
                           » du

» du repos & du Bonheur. Cessons d'a-
» dorer & de craindre la fortune. Soyons
» sages , & la fortune n'est rien. C'est
» nous , c'est notre cupidité insensée ,
» qui a créé la chimere de la fortune ,
» & qui l'a placée dans le ciel ».

Deux maximes qui sont comme le
résultat d'un ouvrage estimé sur la *théo-*
rie des sentimens agréables , renferment
aussi le précis de ce que nous avons
dit de plus intéressant sur le Bonheur.
« Plaçons, autant qu'il nous est possible ,
» notre Bonheur & notre perfection , non
» dans les biens qui sont hors de nous,
» mais dans l'amour de la vertu & de
» nos devoirs , & dans une suite d'oc-
» cupations assorties à nos talens & à
» notre état. 2°. Prenons avec les autres
» hommes une façon de vivre , qui soit
» de nature à porter dans le cœur des
» mouvemens de bienveillance , & à
» en écarter tout ce qui ressent la haine ,
» le trouble & le chagrin ».

P

Le Bonheur en effet, s'il exifte, femble fe confondre avec une fuite de fentimens doux & agréables, que rien ne
trouble jamais ni n'empoifonne. Et tout
fentiment, tout mouvement du cœur
où domine la bienveillance, & que
n'infectent ni la haine, ni la crainte, eft
un plaifir; comme tout mouvement produit par la haine ou le trouble eft une
douleur.

Puiffe cette foible efquiffe donner
quelque idée des moyens que nous avons
en nous-mêmes & dans les êtres qui
nous environnent, pour atteindre au
but de tous les mortels ! Puiffe-t-elle
contribuer à diminuer le nombre des
malheurs & des malheureux, à ramener
ceux de mes femblables qui fe feroient
écartés en cherchant la route du Bonheur & de la félicité ! Bonheur, félicité ! Je fuis obligé d'en faire l'aveu, je
ne puis plus foutenir ces noms impo-
fans, fi peu faits pour notre condition
préfente.

Ah! ceſſons de faire valoir des moyens
que la Nature & la Philoſophie nous ont
mis en main , moyens trop foibles ,
trop inſuffiſans , & encore plus fragiles
qu'inſuffiſans. Recourons , puiſque nous
y ſommes forcés , à des reſſources ſupé-
rieures , qui commencent où finiſſent
les moyens humains ; qui ſuppléent tout
ce qui leur manque , réparent & recti-
fient ce qu'ils ont de défectueux ou de
dangereux ; ne ſont jamais plus abon-
dantes ni plus efficaces , que quand ils
nous échappent ou nous deviennent
inutiles. Jettons-nous dans les bras de la
Religion. Fille du Ciel , elle n'eſt deſcen-
due ſur la terre que pour y faire regner
avec elle l'innocence , la paix & le
Bonheur.

SECTION VIII, & derniere.

Les ressources de la Religion qui s'étend à tout, supplée à la foiblesse & à l'inconstance des moyens humains, corrige ce qu'ils ont de défectueux, console de tous les maux, tient lieu de tout où tout manque.

DANS un siècle, où marche à front découvert une licence effrénée dans les écrits comme dans les mœurs, qui se pare vainement du grand nom de Philosophie, & qui après avoir follement essayé d'ébranler les fondemens qu'une main divine a donnés à la Religion, se retranche à faire voler du moins les traits trop redoutés du ridicule sur tout ce qui y a quelque rapport, sur son histoire, son culte, ses loix, ses Ministres, ses partisans, on sera peut-être étonné que non-seulement je me fasse gloire de prononcer ici son nom,

mais que j'ose la proposer à mes semblables, comme la seule base solide du
Bonheur, & le supplément nécessaire
de toutes les ressources humaines. Une
arme dont on abuseroit à ce point n'est
pas à redouter. Pénétré d'une vérité
capitale pour tous les hommes, je voudrois pouvoir la persuader à tous; aux
censeurs même aveugles, aux ennemis
infortunés de la Religion, qui s'égarent
à la poursuite des fantômes forgés par
l'erreur & les passions, & qui trouveroient dans le sein de la Religion une
paix, un contentement qu'ils n'ont pas
encore éprouvé. C'est ainsi qu'elle aime
à se venger. Mais ils ne la connoissent
point : ils ne la voient qu'à travers des
nuages infideles. Et pour en connoître
les avantages, il faut en avoir pratiqué
les devoirs.

Je sens toute la foiblesse des argumens
que j'ai été quelquefois forcé d'employer, celle des remedes que j'ai in-

diqués contre les différens maux de la
vie. Sans doute ce ne sont trop souvent
que des palliatifs. Nous l'éprouvons tous
les jours. Par une suite d'accidens que
la prudence & l'industrie humaine ne
peuvent ni prévoir ni garantir, nous
sommes privés ou dépouillés de ces
avantages, qui, au jugement de tous
les hommes, sont de véritables biens;
nous sommes accablés de ce que nous
regardons tous comme des maux. Or
comment nous trouverons-nous heureux
alors ? Comment pourrons-nous nous
croire dédommagés ; s'il ne nous reste
ou la jouissance , ou l'espérance du
moins de biens d'un ordre supérieur, in-
accessibles à la malice des hommes, au
caprice de ce qu'on appelle la fortune ?

Les Philosophes (1) se présentent avec

____

(1) On voit assez de quels Philosophes nous parlons
ici, selon l'acception vulgaire. Personne ne respecte plus
que moi les vrais Philosophes, qui honorent ce beau nom
par leurs mœurs & par leurs lumières.

confiance. Ils ont, à les entendre, une recette infaillible pour le Bonheur, comme pour la sagesse. Nous les croirions peut-être, si nous les connoissions moins. Ressembleroient-ils à ces Empiriques qui possedent des secrets de famille qui conduisent nécessairement jusqu'à la décrépitude, quoique leurs peres & leurs aïeux soient par hasard morts fort jeunes ?

Mais enfin ils sont trop modestes, pour se croire supérieurs aux anciens Philosophes. Quels hommes que les Platons, les Socrates, les Aristotes, les Cicérons ! Cependant tous ces puissans génies ou ont reconnu ingénument qu'il n'y avoit pas de vrai Bonheur sur la terre, ou l'ont prouvé malgré eux, en le mettant dans des biens qui ne dépendent point de nous, & qui ne suffisent point pour le Bonheur, comme le démontre l'expérience de six mille ans.

La vérité est une & toujours la même :

La Bruyere.

P iv

& tous oppofés les uns aux autres dans leurs opinions fur le Bonheur, ils ne le font gueres moins à eux-mêmes. Mais les modernes font-ils plus d'accord? Ils font plus inexcufables, puifqu'ils refufent de marcher à la lumiere de ce flambeau divin, qui feul peut diffiper les ténebres répandues fur toute la terre, & nous montrer la route de la fageffe & du Bonheur, toujours cherchée jufqu'ici, & toujours cherchée vainement.

Frappé du fpectacle des miferes humaines qui fe reproduit par-tout à des yeux un peu accoutumés à obferver, qui perce même à travers l'éclat de l'opulence & les efforts de l'art; frappé des fauffes joies du monde, de fes plaifirs frivoles ou dangereux, de fes promeffes trompeufes, de fes biens payés toujours trop cher, du vuide immenfe que laiffe la fortune la plus enviée, de l'inconftance, de la durée éphémere des avantages en apparence les plus defirables,

non je n'aurois jamais eu le courage
d'entreprendre un traité sur le Bonheur,
si la vue de la Religion ne m'eût-sou-
tenu ; si elle ne m'eût offert de quoi
balancer, remplacer, adoucir, effacer
les épreuves, les sacrifices, les revers,
les dégoûts, les chagrins mortels, l'ap-
panage commun de tous les enfans d'un
pere coupable & dégradé.

L'Esprit-Saint nous l'assure, une cruelle
expérience ne nous permet pas d'en
douter, *un pesant joug est imposé aux en-*   Eccli. c. 40.
fans d'Adam, dès leur sortie du sein ma-
ternel, jusqu'au jour de leur sépulture dans
le sein de leur mere commune, depuis celui
qui est assis sur le trône, jusqu'au dernier
de ses sujets qui rampe dans la poussiere.
Les ennuis, les allarmes, la douleur, les
orages & les illusions des passions, le
glaive de la mort toujours menaçant,
autant de sources intarissables du déluge
d'amertume qui inonde la vie entiere.
Dans ces heures même qu'une Provi-

dence compatiſſante accorde aux hommes, pour ſe délaſſer de leurs travaux,
pour ſuſpendre du moins le ſentiment
de leurs maux ; dans les bras du ſom-
meil, des fantômes & des ſonges
effrayans les agitent & ne leur laiſſent
point de relâche. Et ces ſonges ennemis
de notre repos *nous pourſuivent juſqu'en*
veillant. Ces terreurs qui nous ſaiſiſſent
ſans ſujet, qu'eſt-ce autre choſe que des
ſonges & des fantômes effrayans ?

De quelque côté que vous tourniez
les yeux, tout vous préſente, dit ſaint
Auguſtin, l'accablant ſpectacle des mi-
ſeres de l'humanité. Et comment vous
y souſtraire ? L'imagination eſt ingé-
nieuſe à vous créer des plans enchan-
teurs de félicité. Mais dans la réalité
pouvez-vous paſſer un ſeul jour, ſi
vous voulez remplir tous vos devoirs,
ſans avoir à ſoutenir une guerre inteſ-
tine ? Et pouvez-vous être heureux ſans
les remplir ? Voyez le premier âge, ce-

lui qui par son innocence semble avoir le plus de droit au Bonheur, parmi quelles vanités, quelles foiblesses, quels pleurs & quelles allarmes il prend son accroissement ! Et dans les âges qui suivent, que de piéges, que d'épreuves ! Sans cesse l'erreur cherche à vous séduire, la flatterie à vous faire avaler son poison, le découragement à vous abattre, la présomption à vous précipiter, la tristesse à vous consumer, la cupidité, l'ambition, toutes les passions à vous brûler de leurs feux, que rien ne peut éteindre.

Croyez-vous donc que du sein du trouble, des soucis & des remords puisse éclore le Bonheur, le repos, & le contentement de l'esprit ? Les avantages & les plaisirs que nous avons tâché, pour la consolation de nos semblables, de présenter sous le jour le plus favorable, & d'épurer de la contagion du siecle, il faut en convenir, ils sont abfolument infuffifans fans le fecours de la Religion, qui eſt également néceſſaire dans toutes les fituations de la vie. Il ne fera que trop aifé de nous en convaincre.

Et pour commencer par les plaifirs des fens, féparés de la Religion ils font & un piége pour l'innocence & un obſtacle pour le Bonheur. La Religion feule nous préferve furement des plaifirs qui traînent après eux la honte, la douleur & les remords; elle feule met un frein à tous. Elle feule peut nous dédommager au centuple, quand ils nous manquent, en nous aſſurant des plaifirs qui ne laſſent point, qui ne dégradent point ; qu'on achete toujours à vil prix, quoiqu'ils puiſſent coûter ; qui plus ils font goûtés, plus ils font redemandés.

« Non, Jefus-Chriſt, dit un Auteur » eſtimé, ne nous fait point renoncer à » l'amour du plaifir, & ne condamne » point la vertu à être malheureufe ici

Les plaifirs des fens inſuffifans, ou nuifibles fans la Religion.

Théorie des fentim. agréables.

» bas. Sa loi eſt pleine de charmes. Elle
» eſt toute compriſe dans l'amour de
» Dieu & du prochain. La ſource des
» plaiſirs légitimes ne coule pas moins
» pour le Chrétien que pour l'homme
» profane. Mais dans l'ordre de la grace
» il eſt infiniment plus heureux par ce
» qu'il eſpere, que par ce qu'il poſſede.
» Le Bonheur qu'il goûte ici bas devient
» pour lui le germe d'un Bonheur éternel.
» Ses plaiſirs ſont ceux de la modération,
» de la bienfaiſance, de la tempérance,
» de la conſcience : plaiſirs purs, no-
» bles, ſpirituels & fort ſupérieurs aux
» plaiſirs des ſens ».

Ils ne le ſont pas moins aux plaiſirs de l'eſprit, qu'on puiſe dans l'étude
& dans les lettres humaines. Nous n'a-
vons garde de rien retrancher de l'idée
que nous avons tâché de donner de
ceux-ci. Nous y ajouterions plutôt : c'eſt
un tribut que la juſtice & la reconnoiſ-
ſance exigent de notre part. Mais il
n'en eſt pas moins vrai qu'ils ne peu-

Les plaiſirs
de l'eſprit in-
ſuffiſans ſans
la Religion.

vent convenir qu'à un très-petit nombre de perſonnes, qu'ils ne ſont ni de tous les états, ni de toutes les ſituations. Ce n'eſt donc pas là le Bonheur de l'humanité, puiſqu'il doit être commun à tous.

S'il y avoit en ce genre une deſtinée à envier, ce ſeroit ſans doute celle des eſprits du premier ordre que couronnent tous les lauriers du Parnaſſe, & dont les noms fameux ſont conſacrés dans le temple de l'immortalité. Et ce ſont ces excellens Ecrivains qui ſe plaignent d'avoir acheté trop cher les faveurs des Muſes, de les avoir achetées au prix de leur repos, de leur ſanté, de toutes les douceurs de la vie. Ecoutons-les un moment. S'ils ne nous perſuadent pas, ils nous plairont à coup ſûr, & feront une agréable diverſion.

Boïl. Sat. 2. Malheureux mille fois celui dont la manie
Veut aux règles de l'art aſſervir ſon génie.
Un ſot en écrivant fait tout avec plaiſir :
Il n'a point en ſes vers l'embarras de choiſir ;

Et toujours amoureux de ce qu'il vient d'écrire,
Ravi d'étonnement, en soi-même il s'admire.
Mais un esprit sublime en vain veut s'élever
A ce degré parfait qu'il tâche de trouver :
Et toujours mécontent de ce qu'il vient de faire,
Il plaît à tout le monde, & ne sçauroit se plaire.
Et tel dont en tous lieux chacun vante l'esprit,
Voudroit, pour son repos, n'avoir jamais écrit.

Rousseau, ce digne disciple de Boileau n'est pas moins énergique. Nous ne citerons qu'un trait.

Des veilles, des travaux un foible cœur s'étonne :
Apprenons toutefois que le fils de Latone,
  Dont nous suivons la cour,
Ne nous vend qu'à ce prix ces traits de vive flamme,
Et ces aîles de feu qui ravissent une ame
  Au céleste séjour.

Qu'est-ce donc qui pourra dédommager de tant de peines, de veilles & de dégoûts ? Le son flatteur des applaudissemens publics, la douce vapeur de la gloire ? Elle peut bien enivrer pour quelques instans, mais avec l'ivresse le Bonheur s'évanouit. Et l'on fent alors que cette gloire, ce prétendu avant-goût de l'immortalité que l'Ecrivain fublime & le Héros ont toujours fous les yeux, comme le feul prix digne de leurs travaux, loin de pouvoir remplir le cœur humain, n'eft qu'une illufion, un fantôme qui difparoît au moment qu'on veut le faifir.

Et le Public, qui à la vérité rend toujours juftice aux morts, fait fouvent éprouver aux vivans fes caprices, & laiffe ufurper aux Pradons les éloges dus aux Racines. L'Auteur d'Athalie defcendit dans le tombeau, avant qu'on eût ouvert les yeux fur le mérite de fon chef-d'œuvre, & prefque certain lui-même d'avoir échoué. Dégoûté de l'art qui lui doit fa perfection, & auquel il doit l'immortalité, il n'eut rien plus à cœur que d'en éloigner fes enfans, en les affurant que les fuccès les plus heureux ne procurent jamais à un Auteur

Mémoire fur la vie de Racine.

une

une satisfaction complette, & que la plus mauvaise critique lui avoit toujours causé plus de chagrin que les applaudissemens les plus flatteurs ne lui avoient fait de plaisir.

L'envie *d'un flot de vains Auteurs*, comme s'exprime leur censeur le plus redoutable, peuple *d'intrus au sacré vallon*, s'acharne toujours sur les grands Ecrivains, & s'efforce de noircir de son souffle infect les chefs - d'œuvre qu'elle ne leur pardonne jamais.

> Si-tôt que d'Apollon un génie inspiré,
> Trouve loin du vulgaire un chemin ignoré,
> En cent lieux contre lui les cabales s'amassent,
> Ses rivaux obscurcis autour de lui croassent;
> Et son trop de lumiere importunant les yeux,
> De ses propres amis lui fait des envieux.
> La mort seule ici bas, en terminant sa vie,
> Peut calmer sur son nom l'injustice & l'envie,
> Faire au poids du bon sens peser tous ses écrits,
> Et donner à ses vers leur légitime prix.

Boil. Ep. 7.

Ces illustres Ecrivains n'ont fait que

Q

répéter ce qu'ils avoient appris des Anciens, & ce que leur propre expérience leur avoit confirmé. Il est vrai que le grand nombre d'Auteurs de nos jours a sçu tirer des lettres un parti bien plus avantageux. Sans invention, sans art, sans autre mérite que de flatter le goût général de paresse, de frivolité, de volupté, joint cependant à la prétention de décider de tout & de devenir l'oracle des ignorans & des femmes ; sans autre mérite & sans autre travail que de rimer de mauvaise prose, d'extraire, de transposer, de compiler, sur-tout de frônder tout ce qui jusqu'à ce jour avoit été regardé comme sacré par nos grands Ecrivains,

Boil. Sat. 2.

Ils trouvent. . . . . quoiqu'on en puisse dire,
Un Marchand pour les vendre & des sots pour
    les lire. . . . . .
Bienheureux Scudéris, dont la fertile plume
Peut tous les mois sans peine enfanter un volume.

Ce qui est trop sérieux, & qui intéreſſe le bonheur public, c'eſt que la profeſſion d'homme de lettres devient de jour en jour plus critique. Ceux qui prétendent donner le ton, ſemblent, comme on l'a remarqué, avoir formé le projet d'une ligue générale, pour renverſer à la fois les regles anciennes & les ſtatues des héros de la littérature ; pour ſapper tous les principes des mœurs, du gouvernement & de la religion, ſur leſquels poſent les fondemens des empires & de toutes les vertus : tant l'eſprit d'innovation & d'indépendance eſt audacieux & fatal !

Elle eſt donc plus indiſpenſable que jamais la connoiſſance de la Religion. Elle ſeule peut nous apprendre le véritable uſage des ſciences profanes, & nous prémunir contre leurs dangers. Elle ſeule la regle, le flambeau, la conſolation de tous les états, ſe trouve auſſi à la portée de tous les eſprits. Le Fondateur adorable de la Religion ſe plaît à la com-

Q ij

muniquer aux cœurs simples & droits ;
tandis que de prétendus sages enivrés
d'un faux savoir, méconnoissent les premieres vérités, flottent dans l'incerti-
tude sur tout ce qu'il est essentiel de connoître, & aussi funeste que honteux
d'ignorer. Un Dieu créateur, modérateur de l'univers, auteur & protecteur
de toutes les sociétés, bon & juste
sans acception pour tous les hommes,
qui sont également ses enfans, mo-
dele & rémunérateur magnifique de
toutes les vertus, qui sont trop souvent
méprisées, gémissantes, opprimées ;
vengeur redoutable & éternel de la
fraude & de la violence, du crime &
de l'impiété, dans un moment, après ce
songe rapide de la vie : quelles vérités !
quelle perspective délicieuse pour tous
les instans ! quelle source inépuisable de
consolation, de calme, de joie pour
l'homme de bien fidele à tous ses devoirs
envers Dieu & envers ses semblables !

L'efprit le plus borné, le moins propre aux fciences eft capable de ces réflexions. Et dans l'infirmité qui nous rend l'étude impraticable, elles ont un nouvel attrait. Et fur le déclin des forces & de la vie, elles nous foutiennent, elles nous raniment. Loin de permettre un regret, ni un foupir pour ce qui nous échappe, elles nous font hâter par nos vœux l'heureufe révolution, qui commence à fe faire fentir.

Voilà ce que la Religion ajoute aux plaifirs que donnent les connoiffances de l'efprit. Elle n'ajoute pas moins à ceux qui naiffent des actes de vertu & de bienfaifance.

Ce n'eft plus une vertu humaine feulement ou philofophique que nous pratiquons. Ce ne font plus feulement des hommes comme nous, que nous foulageons, que nous arrachons à l'oppreffion ou à la mifere. Notre vertu s'épure, s'annoblit, s'éleve jufqu'à la Divinité;

Point de vertu parfaite fans la Religion.

Et la douce & chaste volupté sa fidelle
compagne , s'épure, s'annoblit & s'é-
leve avec elle. C'est par les ordres &
à l'exemple de l'Auteur adorable de la
Religion, que nous cultivons des vertus
qu'il a divinisées en quelque sorte par
ses actions. C'est notre Dieu lui-même
que nous secourons, que nous consolons, toutes les fois que nous consolons
& que nous secourons nos semblables :
tout ce que vous aurez fait au dernier
de vos freres, nous dit-il, c'est à moi-
même que vous l'aurez fait. Nous n'a-
vons plus à craindre que nos bienfaits
se perdent, en tombant sur des ingrats.
C'est lui-même qui se charge de la dette
& de la reconnoissance ; qui nous tiendra
compte avec une magnificence digne de
lui , non-seulement du bien que nous
faisons, mais de celui même que nous
voudrions faire. Vertus obscures, ca-
lomniées, foulées aux pieds par le vice
superbe & triomphant, vous chancelez,

Mat. 25.

vous êtes prêtes à vous démentir. Igno-
rez-vous donc que vous ne pouvez
échapper à l'œil du Dieu des vertus , ni
demeurer sans récompense ? Cette seule
réflexion les releve , & leur rend un
courage désormais invincible.

Mais la vertu ne se suffit-elle pas à
elle-même ? Ne trouve-t-elle pas dans
elle-même sa récompense ? Paroles pom-
peuses , qui n'ont de vérité & d'énergie
que lorsqu'elles s'appliquent à des vertus inspirées par la foi , & soutenues
par l'espérance chrétienne. La vertu sans
objet, sans appui , sans témoin , sans
espoir, sans vengeur, quelle vertu ! Sera-
t-elle à l'épreuve de la séduction & de
la violence, de l'opulence & de la misere, de l'assurance de l'impunité , de
la tentation de l'orgueil , d'une subite &
affreuse catastrophe ?

Cet austere & magnanime partisan de la
vertu , Brutus près de mourir le dernier
des Romains, d'un trait efface toute sa

Plutarque.

gloire. Il ceſſe de croire à la vertu. *Ver-*
tu, tu n'es qu'un vain nom, s'écrie-t-il
déſeſpéré. Fantôme impoſteur, tu m'as
entraîné à ma perte: je t'ai ſuivi juſqu'à ma
dernière heure: tu t'évanouis, & je meurs.

Voilà où aboutit la vertu ſans la Religion. Mais ſi un Chrétien pouvoit s'égarer juſques-là ; je t'ai trompé, téméraire,
lui crieroit la Religion ? Peux-tu le
croire ?. « Ton ame eſt-elle anéantie,
» a-t-elle ceſſé d'exiſter ? O mon fils, ne
» ſouille point ta noble vie en la finiſ-
» ſant: ne laiſſe point ton eſpoir & ta
» gloire avec ton corps. Pourquoi dis-tu,
» la vertu n'eſt rien, quand tu peux
» jouir de la tienne ? tu vas mourir,
» penſes-tu : non tu vas vivre ; & c'eſt
» alors que je tiendrai tout ce que je t'ai
» promis ».

Oui, la vertu du Chrétien eſt immuable ; ſa conſtance eſt inébranlable, comme
le bras qui le ſoutient. A la fin de ſa
courſe, ſur le point de ſaiſir la palme du

M. Rouſſeau.

vainqueur, il redouble de courage & d'allégreffe. Plein de mépris pour cette fcène toujours mobile, pour ces frivoles fimulacres de Bonheur, il bénit mille fois le jour où il les abjura, où il mit tout aux pieds de la Religion & de la vertu, qui lui reftent feules en ce moment, & dans lefquelles il retrouve au centuple tout ce qu'il a facrifié.

La vertu fans la Religion, loin de fuffire à notre Bonheur, ne mérite donc pas même le nom de vertu. Il en eft ainfi à plus forte raifon de l'amitié, qui ne peut avoir d'autre bafe que la vertu, & une fublime vertu. Je ne parle pas, comme on voit, des liaifons vulgaires & mercénaires, auxquelles nous ne rougiffons pas de proftituer ce nom refpectable. Sans le fecours de la vertu & de la Religion, l'amitié fortira-t-elle entiere de toutes les épreuves où elle fe trouve expofée, fur-tout entre égaux ? étouffera-t-elle toutes les rivalités d'in-

Point d'amitié folide fans la Religion.

térêt, d'honneurs & de gloire ? Non, les nœuds de l'amitié ne deviennent indif-solubles, que lorfqu'ils font refferrés par la Religion. Celui qui craint Dieu, dit l'Efprit-Saint, fera un ami fidèle, & méritera de trouver un pareil ami, qui fera comme un autre lui-même. J'en appelle à l'expérience. Tous les jours les amitiés les plus folidement cimentées, ce femble, fortifiées par les chaînes de l'habitude & par la voix du fang, nous les voyons venir fe brifer contre l'écueil de quelque paffion. Et il eft réfervé à la Religion de mettre toutes les paffions fous nos pieds.

Mais les amitiés humaines, n'euffent-elles rien à craindre de nos foibleffes & de notre inconftance, elles ont toutes en elles-mêmes un vice inévitable, & d'autant plus terrible, qu'elles font plus parfaites. La mort nous ravira cet ami fi cher, notre confolation, notre foutien, notre Bonheur : elle féparera cruelle-

ment ces deux moitiés fi délicieufement
unies. Elle frappera infailliblement ce
coup affreux. Et combien de fois elle
nous menace avant de le frapper ?

» L'amour, ce fentiment célefte, eft
» la feule image qui foit reftée fur terre
» de la premiere félicité..... Il n'exifte
» que dans le cœur d'un petit nombre
» d'hommes vertueux. Hélas ! il ne les
» rend heureux qu'un moment..... un
» moment, & ils meurent.... La mort
» les fépare à jamais ».

Au moment de cette cruelle cataftro-
phe, un deuil effroyable couvre la Nature : elle femble rentrer pour nous dans
le néant. Tout nous manque à la fois ;
tout renouvelle & aigrit notre douleur.
La Religion feule fe préfente pour nous
confoler & nous foutenir : fa voix fe fait
entendre au fond de notre cœur. Pourquoi te défoler, comme l'infidèle *qui n'a*
point d'efpérance ? Non , ton ami n'eft
point mort ; il n'a fait que changer de

Le Meffie ,
Poëme de M.
Klopftock.

vie, une vie paſſagere pour une vie éternelle. Il t'a précédé de quelques jours, & tu vas lui être réuni pour ne plus en être ſéparé.

C'eſt ainſi que la Religion ſçait nous conſoler dans la plus cruelle affliction où l'humanité puiſſe être expoſée. Que les conſolations des Philoſophes & des Sages ſont différentes ! qu'elles ſont inſuffiſantes ! Un des plus fameux & des plus ſenſés ſe contente de nous dire froidement, que « ſi l'amitié eſt un des plus

Charron. De la Sageſſe, l. 2, c. 27.

» grands biens de la vie, c'eſt auſſi un » des plus aiſés à acquérir. Dieu fait les » hommes, & les hommes font les amis. » Faiſons de nouveaux amis par ce » moyen nous ne les aurons pas perdus, » mais multipliés ».

Il eſt étonnant qu'un homme qui avoit paſſé ſa vie à étudier les hommes, les ait aſſez peu connus pour en parler ainſi, pour croire qu'il ne dépend que de nous d'y trouver tous les jours de nouveaux amis, pour ne pas être convaincu qu'il n'eſt point de perte plus difficile à réparer. Eh ! que peut-il y avoir de plus rare, que de rencontrer & cette vertu parfaite, qui eſt comme la baſe de l'amitié, & cet aſſortiment d'humeurs, de goûts, de caracteres, qui ſeul peut élever ſur cette baſe la véritable amitié ?

Si le ſecours de la Religion eſt néceſ-ſaire, pour ſuppléer au vuide & à l'inſuffiſance des biens que la Nature, la raiſon & le ſentiment nous offrent ; il l'eſt encore plus pour nous ſoutenir contre les dangers & les maux ſans nombre, qui à chaque inſtant ou aſſiégent ou menacent l'humanité.

Pour être heureux, dit Saint Auguſtin, il faut n'être point trompé, ne rien ſouffrir & ne rien craindre. Mais l'erreur, la douleur & la crainte ne regnent-elles pas ſur cette terre étrangere, où nous voyageons pour arriver à la Patrie ? ce n'eſt que dans le Royaume des Cieux qu'il n'y aura point d'erreur, parce qu'on y verra Dieu, point de douleur, parce qu'on y jouira de Dieu, point de crainte ni d'inquiétude, parce qu'on s'y reposera à jamais en Dieu.

Le regne de la Religion dans les cœurs nous fait goûter dès cette vie un essai de cette suprême félicité. Dès cette vie la Religion nous fait connoître, nous fait du moins entrevoir la vérité, la vérité pure, universelle, immuable, qui n'est autre que Dieu même. Elle nous fait goûter cette joie solide, dont la vérité est le fond, dont la perfection est le fruit, dont l'éternité est la durée. Le repos sur-tout est l'objet des vœux de tous les mortels qui le regardent comme la base du Bonheur. Mais connoît-on le repos dans le monde? Il faut donc, conclud le grand Bossuet, chercher un moyen de sortir de l'enceinte de ce monde. Une partie de nous-mêmes, sur laquelle la fortune n'avoit aucun droit,

cet esprit, cette intelligence indépen-
dante, immortelle, nous l'avons soumise
à ses caprices, en l'engageant dans les
biens du monde. Que reste-t-il, que de
l'en tirer & de l'établir dans la Cité sainte
que Dieu nous a préparée ? L'espérance
est l'ancre qui doit la fixer dans la terre
des vivans. Ainsi le Pilote, par le moyen
d'une ancre, fait trouver à son vaisseau
de la consistance au milieu des flots, &
une espece de port dans le tumulte même
de l'océan. *Quam sicut anchoram habemus* — Heb. 6.
animæ tutam ac firmam. Jettez cette ancre
sacrée, dont les cordages ne rompent
jamais, dans la bienheureuse terre des
vivans ; & croyez qu'ayant trouvé un
fond si solide, elle servira de fondement
assuré à votre vaisseau jusqu'à ce qu'il
arrive au port. Si au contraire toutes nos
espérances étoient renfermées dans cette
vie, on auroit quelque raison de penser
que les animaux l'emportent sur nous.
Nos maladies, nos inimitiés, nos cha-

grins , nos ambitieufes folies , nos triftes prévoyances , qui avancent nos maux , loin d'en empêcher le cours , mettroient le comble à nos miferes.

La Religion eft la feule digue capable d'arrêter le déluge d'amertumes qui inonde le genre humain. Souveraine contre toute forte de maux , elle l'eft fur-tout pour conjurer les malheurs & les orages formés ou groffis par l'imagination & par les paffions. L'orgueil, l'amour défordonné de nous-mêmes, la molleffe, l'infatiable cupidité, l'ambition effrénée, une fauffe & fatale philofophie ; autant de fources de notre infortune, de nos éternelles agitations , de nos murmures fecrets, de ces tragiques défefpoirs , devenus fi communs pour l'opprobre du fiècle & de la Nation.

Où la Religion étend fon empire, tout rentre auffi-tôt dans l'ordre. Les paffions enchaînées font à fes pieds. Je vois en même-temps la plupart de nos maux difparoître ,

paroître, ou tellement adoucis, qu'ils n'excitent plus ni murmure ni impatience. Eh ! comment un paſſe-droit réel ou prétendu, un affront, une ſimple raillerie a-t-elle la force de vous troubler, de vous abattre, de vous mettre en fureur ? Sans doute des procédés, des paroles qui vous ſont étrangeres, ne peuvent d'elles-mêmes avoir aucune influence ſur votre ſang, & encore moins ſur votre ame. C'eſt, ſi je puis le dire, au foyer de l'orgueil & de toutes les paſſions indomptées, que s'allument tous ces feux qui vous brûlent, qui vous dévorent. La Religion met pour toujours ſous le joug ces funeſtes auteurs de vos plus vives & de vos plus incurables afflictions. Le calme renaît au fond du cœur. Une douce compaſſion eſt le ſeul ſentiment que vous font éprouver d'injuſtes ennemis.

Vous renoncez, il eſt vrai, à goûter le plaiſir de la vengeance, ce plaiſir ex-

R

quis, dit-on, ce plaisir des grandes ames. Mais pourriez-vous le regretter ? Que ce plaisir coûte cher ! Par combien d'agitations, d'alarmes, de périls, de remords il faut l'acheter ! Et l'ame, lorsqu'elle le goûte, a-t-elle donc cette paix, cette sérénité qui est la marque & le fruit par excellence du vrai Bonheur ? Jamais l'ame du vindicatif ne fut bouleversée par de plus impétueux orages. Voyez un taureau furieux, l'œil en feu, plein de sang & d'écume, qui tient sous ses pieds le rival qu'il s'est immolé : est-ce donc là un objet digne d'envie ? Voilà votre portrait, homme vindicatif.

La Religion est indispensablement nécessaire contre les malheurs & les foiblesses de l'humanité. C'est un asyle toujours ouvert & toujours respecté, une égide impénétrable. La Religion seule peut nous empêcher de nous trouver malheureux dans ces situations aussi tristes qu'elles font communes, dans la

difgrace, la perfécution, l'indigence, les
revers, la douleur, aux approches de la
mort. Les confolations de la Religion
font les feules toujours préfentes, toujours efficaces, toujours inépuifables, à
la portée de tous les hommes indiffé-
remment, & fouveraines également
contre toutes les efpèces de maux.

Le ftoïcifme, comme l'a dit judicieufe-
ment la Bruyere, « eft un jeu d'efprit &
» une idée femblable à la République de
» Platon ». Prétendre, avec les Stoïques
& avec Montagne, que l'opinion fait tout,
que la bonne fortune, la mauvaife, la
fanté, la maladie, l'aifance, la pauvreté,
la douleur, la mort, que tout eft égal;
que ce qu'on appelle biens & maux ne
font qu'une femence, qu'une matière de
foi fort indifférente, que l'ame manie
à fon gré, & où elle trouve le Bonheur
ou le malheur, felon l'idée qu'elle veut
s'en former, eft-ce fe moquer ou extra-
vaguer par fyftême? » Le Sage, qui

Chap. 11,
de l'Homme.

La Bruyere,
Ibid.

R ij

» n'eſt pas ou qui n'eſt qu'imaginaire, ſe,
» trouve naturellement & par lui-même
» au-deſſus de tous les événemens & de
» tous les maux : ni la goutte la plus
» douloureuſe, ni la colique la plus ai-
» gue ne ſçauroient lui arracher une
» plainte. Le ciel & la terre peuvent
» être renverſés, ſans l'entraîner dans
» leur chûte, & il demeureroit ferme
» ſur les ruines de l'Univers, pendant
» que l'homme qui eſt en effet, ſort de
» ſon ſens, crie, ſe déſeſpère, étincelle
» des yeux, & perd la reſpiration pour
» un chien perdu ou pour une porce-
» laine qui eſt en pièces ».

Il n'appartient qu'à la Religion, je ne
dis pas de nous rendre inſenſibles, mais
d'adoucir le ſentiment de tous les maux,
de faire triompher la vertu de tous les
aſſauts, de nous faire ſupporter avec une
patience, un courage qui ne ſe démentent
point & qui croiſſent avec la douleur ;
je n'en dis pas aſſez, de nous faire ſou-

tenir avec joie les plus rudes épreuves
où puisse être mise l'humanité.

Les idées que je présente ne font ni
fastueuses ni chimériques. Des principes
lumineux & inébranlables, des motifs
victorieux, des espérances aussi certaines
que magnifiques; voilà les armes de la
Religion. Une constance plus qu'héroïque, qu'elle a inspirée tant de fois au
sexe, à l'âge le plus foible, qui sembloit
se jouer au milieu des plus affreux sup-
plices; voilà sa force.

» La Philosophie, dit ingénieusement
» le Duc de la Rochefoucault, triomphe
» aisément des maux passés & des maux
» à venir; mais les maux présens triom-
» phent d'elle ». La douleur, une douleur violente, ou plus sûrement encore
une lente & opiniâtre langueur, qui
mine insensiblement le corps & l'esprit,
suffit pour montrer sa foiblesse & son
impuissance.

Le seul remède que la Philosophie ait

R iij

pu trouver contre la douleur, c'eſt un
crime proſcrit par la Nature & par la
Religion, le ſuicide. Cicéron, après
avoir raſſemblé tout ce que la ſageſſe
humaine a trouvé de plus puiſſant contre
ce grand ennemi de l'homme, après
avoir épuiſé les motifs & les raiſons pour
ſupporter la douleur & la braver, pour
prouver qu'elle n'eſt pas même un mal,
eſt enfin forcé d'en venir là. *Si tanti ſint
(dolores) ut ferendi non ſint, quo ſit con-
fugiendum vides*.......*Portus præſto eſt,
quoniam mors ibidem eſt.* » Si la douleur
» augmente à un tel point, que vous ne
» puiſſiez plus la ſupporter, vous voyez
» où il faut recourir. Il dépend toujours
» de vous d'aborder au port, puiſqu'il
» dépend de vous de mourir ». C'eſt
donc avouer, dit un judicieux Interprète,
que le Sage n'eſt pas toujours heureux,
ou qu'il eſt une vie heureuſe, qu'il n'a
pas la force de ſupporter, comme le remarque fort bien Saint Auguſtin, en ſe

2 & 5 liv.
des Tuſcul.

Le Préſident
Bouhier.

moquant des sophismes des Philosophes.

Vainement ce superbe Stoïcien (1), pressé & vaincu par la douleur, s'obstinoit à nier qu'elle fût un mal. Les efforts même qu'il faisoit pour n'en pas convenir, le prouvoient malgré lui. Rare effort de constance en effet d'avoir un langage à part & différent de celui de tous les hommes ! Car toute la philosophie des Stoïciens , au jugement d'un homme qui les connoissoit bien , se réduisoit là, comme s'il s'agissoit ici des mots. *Cicéron.*

Et la derniere classe des Philosophes , qui ne connoissoit de bien que la volupté, oubliant & contredisant tous ses dogmes, ne craignoit pas d'avancer que le Sage étoit heureux jusques dans le taureau de Phalaris, & que là même il s'écrieroit : *que ceci est agréable ! que j'en suis peu touché !* Langage follement orgueilleux, qui ne mérite pas une réfutation sérieuse.

---

(1) Possidonius.

Mais les Sages de notre fiècle ont-ils trouvé ce qui dans tous les temps s'eft dérobé aux recherches de leurs prédéceffeurs ? Ne voyons-nous pas tous les jours leurs confolations, leurs maximes, leur héroïfme prétendu venir échouer contre la douleur & les revers ? Sans doute il n'appartient pas à la fageffe humaine ; il n'appartient qu'à une Religion divine de nous élever au-deffus de la Nature, d'adoucir ce que la douleur a de plus aigu & l'affliction de plus accablant, de nous y faire même trouver du plaifir, de nous en faire defirer encore plus. Il n'y a ni artifice ni oftentation. Tant d'exemples que fournit le Chriftianifme dans tous les âges & dans toutes les conditions ; tant d'exemples auffi certains que merveilleux, font bien propres à confondre les Sages & les Héros dont fe vante la Philofophie.

Eh ! comment la Nature & la raifon humaine pourroient-elles nous foutenir, mettre un contre-poids suffisant dans la balance de notre destinée ; lorsque le nombre & la vivacité des maux l'emportant de beaucoup sur les biens même que nous pouvons attendre sur la terre, il est sensible & incontestable que si nos craintes & nos espérances sont renfermées dans le cercle étroit de la vie, la vie est un présent fatal que nous devons, sans balancer, rendre à la Nature, l'existence un fardeau insupportable, dont nous devons nous décharger au plutôt. C'est alors qu'il ne faut rien moins que les secours toujours présens, les consolations aussi douces que solides de la Religion, ses infaillibles espérances, non-seulement pour faire souffrir le mal avec patience ; mais pour faire aimer sa situation, pour faire goûter dans le sein de l'affliction un repos profond, une joie pure, des délices telles que l'homme livré à l'égarement des passions les envieroit, s'il pouvoit en avoir l'idée.

Il eſt ſur-tout des momens, (heureux qui ne m'entendra pas, ou qui m'accuſera d'exagération!) il eſt des momens, des jours affreux, où l'ame en proie à la triſteſſe, affaiſſée ſous le poids des maux, ne ſent ſon exiſtence que pour en gémir & pour ſoupirer après la mort. Le paſſé, le préſent, l'avenir, tout ſe peint à l'imagination avec les plus noires couleurs. Attachée nuit & jour à de lugubres & funeſtes images, rien ne peut l'en arracher. La ſociété lui eſt à charge : les plaiſirs de toute eſpèce lui ſont odieux : le plus doux des biens de la vie, l'amitié même, oui l'amitié ne ſe fait plus ſentir. Des yeux éteints, des traits altérés & méconnoiſſables, la pâleur de la mort, tous ces ſymptômes effrayans n'expriment point encore la profonde & accablante douleur, qui conſume cette ame infortunée. Alors cependant, le croiroit-on ? il reſte une reſſource puiſſante, celle de la Religion. Elle fait luire un rayon

d'espérance à travers ces épaisses vapeurs. Au fond d'un cœur où regne la
Religion, un Dieu consolateur fait entendre sa voix : le cœur s'épanouit, de
douces larmes coulent des yeux : tour-
nés vers le Ciel, ils attendent avec rési-
gnation la fin de ces cruelles épreuves.
A la lumière de la foi s'évanouit la scène
mobile du monde. Le jour du Seigneur,
le jour de triomphe approche : on le hâte
par ses desirs, & on se soumet à porter
encore le fardeau de la vie, si cet être
souverainement bienfaifant, ce père
tendre, cet incomparable ami de tous
les hommes exige de nous ce sacrifice ;
dans la confiance qui ne trompe point,
qu'il n'a en vue que notre Bonheur,
qu'il s'attendrit sur tous les maux que
nous endurons, qu'il sçaura bien nous en
dédommager dans le séjour de sa gloire
& de sa magnificence, où lui - même
essuyera les pleurs que nous aurons
versés.

Reffources divines de la Religion ! ô
vous qui les avez éprouvées, ofez lui
rendre un témoignage que vous dictent
l'équité & la reconnoiffance. Qu'elle fe
montre alors tout ce qu'elle eft, aimable,
toute puiffante, vénérable, infiniment
fupérieure à tous les fecours humains,
l'ouvrage & le chef-d'œuvre de la Divinité ! Que ceux qui l'attaquent, qui
la méconnoiffent, paroiffent ingrats &
aveugles, les plus infenfés & les plus
malheureux des hommes !

La Religion
néceffaire
dans tous les
états & dans
toutes les fi-
tuations.

Elle n'eft ni moins néceffaire, ni moins
puiffante dans l'état d'opulence & de
grandeur que dans l'état d'indigence &
d'obfcurité. A la lumiere de fon flambeau,
que ce qui allume fans ceffe la cupidité
& l'envie des mortels, eft vain, mé-
prifable & fugitif ! La vie n'eft qu'un
fonge rapide. Le moment du réveil approche. Alors, tout cet éclat trompeur
évanoui pour jamais, nous jouirons des
feuls vrais biens, que le dégoût ni le

remords ne suivent point, que personne, que la mort même ne peut nous ravir. Nous partagerons la gloire de la Divinité, à proportion du courage que nous aurons montré à soutenir l'humiliation.

Et sans la Religion, la tentation continuelle de l'opulence & de la grandeur est trop forte pour l'humanité ; elle finit presque toujours par nous aveugler & nous corrompre. A force de livrer des combats contre une foule d'ennemis conjurés, contre toutes les passions, la plus courageuse vertu se lasse ou se rallentit, si elle n'est pas sans cesse soutenue & ranimée par la Religion. La Religion seule peut tourner à notre avantage un état si périlleux. C'est elle qui nous apprend à faire de nos richesses & de notre puissance un usage toujours vertueux & délicieux. Nous avons la gloire & la satisfaction de servir, d'obliger Dieu même dans la personne de ceux qu'il a choisis pour ses représentans. Les biens qui alloient nous échapper, deviennent, par le sacrifice généreux qu'il nous inspire, une source de richesses divines & incorruptibles.

La Religion est pour tous les âges, comme pour tous les états, la source la plus pure & la plus abondante du Bonheur. Peres & meres, & vous qu'ils associent à leurs plus imporans devoirs, à qui ils ont confié l'espérance de l'Etat, en vain assurez-vous la fortune & préparez - vous l'élévation de cette jeunesse, qui vous doit être si chere ; en vain fortifiez - vous le corps ; ornez-vous l'esprit, cultivez - vous des talens utiles & agréables : en vain même vous flattez-vous d'avoir gravé profondément dans ces cœurs tendres & dociles les principes de l'honneur & de la justice, de toutes les vertus naturelles & sociales. Vous n'avez encore rien fait de solide pour son Bonheur & pour le Bonheur public, si vous n'avez pas mis la Religion & la crainte de Dieu à la tête de tout.

Si vous avez négligé de remettre le premier âge entre les mains de la Religion, qui vous le demandoit avec les plus vives inſtances, j'oſe le dire, que prétendez-vous, que pouvez-vous eſpérer? Eh! vous ignorez que vous n'avez pas même jetté les fondemens de l'éducation, de la vraie probité & du Bonheur. De combien d'illuſions la jeuneſſe ſera le jouet, que d'écueils contre leſquels elle eſt ſans ceſſe expoſée à ſe briſer, quelle zône brûlante à traverſer, que d'ennemis à vaincre, d'autant plus dangereux, qu'ils ſont plus aimables; ſi elle n'eſt pas éclairée, retenue, animée par les lumieres céleſtes, par le frein puiſſant, par les motifs victorieux de la Religion!

La Religion ſeule peut la guider ſûrement, ſeule elle la ramenera quand elle ſe ſera égarée. Les grandes vérités de la Religion ſemées, ſi je puis ainſi parler, dans une terre neuve, préparée & cultivée par d'habiles mains, y jettent de profondes racines. Elles ne périſſent point, quoiqu'elles ſemblent quelquefois étouffées par la multitude & la violence des paſſions , dont cet âge foible & bouillant eſt la victime. Attendez que le feu qui le dévore ſoit amorti , que les malheureuſes ſuites des paſſions aient commencé à lui en inſpirer le dégoût & à lui deſſiller les yeux. C'eſt alors que ces germes précieux ſe raniment tout à coup, ſe développent & donnent , bien que dans une ſaiſon un peu tardive , les fruits que le printemps ne promettoit point. Dans le ſilence des paſſions , la Religion fait entendre ſa voix ſalutaire. On rougit , le charme rompu , de s'être laiſſé emporter auſſi loin du Bonheur que de l'innocence , dans des routes dont l'entrée riante & couverte de fleurs nous avoit ſéduits. On ſe hâte de faire ou-blier des jours perdus dans l'ivreſſe & dans la frivolité , de payer enfin à Dieu , à ſa patrie , à ſes ſemblables ce que de-

mandent

mandent de nous la Religion, la nature & la fociété.

Arrivés au dernier âge, où tout infenfiblement nous abandonne & nous échappe, où chaque jour nous perdons quelque chofe de nous-mêmes, qu'il eft doux, qu'il eft confolant d'avoir la Religion pour compagne inféparable, de fe rendre témoignage que c'eft à la lumiere de fon flambeau que nous avons toujours marché, ou que nous fommes rentrés dans le fentier de la vertu qui eft encore celui de la félicité ! Qu'il eft confolant, qu'il eft délicieux, après avoir évité le naufrage où tant d'autres ont péri, de toucher au moment de recueillir le fruit de nos facrifices & de notre fidélité à l'accompliffement de la loi divine, de jouir enfin des biens fuprêmes, dont l'attente feule a raffermi nos pas chancelans, a fuffi pour charmer tous les maux de cette vie, & pour nous faire goûter les prémices du véritable Bonheur !

S

Non, la vue du terme commun à tous
les hommes n'est pas pour le chrétien un
sujet de terreur : c'est un port sûr après
l'orage. Il se félicite d'être arrivé au
bout de la carriere, pour emporter un
prix qui ne se flétrit point. Qu'a-t-il à
regretter, qu'a-t-il à desirer ? Il quitte
des hommes vains, trompeurs, pervers,
ennemis & jaloux du mérite, adorateurs
du vice opulent & couronné. C'est son
Dieu ; c'est un pere tendre qui lui tend
les bras, & qui lui réserve un Bonheur
incomparable, dont nous n'avons ici
qu'un foible essai.

« Si nous étions immortels, dit M.
» Rousseau, nous serions des êtres très-
» misérables. Il est dur de mourir sans
» doute. Mais il est doux d'espérer qu'on
» ne vivra pas toujours, & qu'une
» meilleure vie finira les peines de celle-
» ci. Si l'on nous offroit l'immortalité
» sur la terre, qui est-ce qui voudroit
» accepter ce triste présent » ?

Ces réflexions font d'une vérité fenfible & frappante ; mais pour qui ? Pour
le chrétien feulement, qui vit conformément aux promeffes & à la foi de la
vie future. Pour tous les autres je dirois
plutôt : *qui n'accepteroit pas ce préfent,*
tout trifte qu'il eft ? Il n'y a que la foi qui
pourroit le faire refufer : mais le nombre de ceux dont la foi règle les actions, eft-il bien grand ? Il feroit plus
jufte de dire : *qui ne maudiroit pas ce fu-*
nefte préfent, après l'avoir accepté ? Car
« quelle reffource, quel efpoir nous ref-
» teroit-il contre la rigueur du fort &
» contre les injuftices des hommes ?...
» La néceffité de mourir n'eft à l'homme
» fage qu'une raifon pour fupporter les
» peines de la vie.

» De combien de douceurs, dit en-
» core le même Ecrivain, n'eft pas pri-
» vé celui à qui la Religion manque ?
» Quel fentiment peut le confoler dans

» ſes peines ? Quel ſpectateur anime les
» bonnes actions qu'il fait en ſecret ?
» Quelle voix peut parler au fond de ſon
» ame ? Quel prix peut-il attendre de ſa
» vertu ? Comment doit-il enviſager la
» mort » ?

Ecoutons encore un célebre Philoſophe rendre à la religion un hommage raiſonné , & reconnoître ſon in-
conteſtable ſupériorité ſur la ſecte dont
la philoſophie ſe glorifie le plus. « La
» morale du chrétien ſe réduit à ces
» deux préceptes : aime Dieu de tout
» ton cœur , aime les autres hommes
» comme toi-même. *Aimer Dieu de tout*
» *ſon cœur* , c'eſt être entiérement ſou-
» mis à l'ordre éternel , n'avoir d'autre
» volonté que celle de Dieu.... *Aimer*
» *les autres hommes comme ſoi-même* , n'eſt
» que la ſuite du premier précepte....
» L'accompliſſement de ces préceptes eſt
» la ſource du plus grand Bonheur qu'on
» puiſſe trouver dans cette vie. Ce dé-

Eſſai de Phi-
loſophie mo-
rale, par M.
de Mauper-
tuis.

» vouement universel procurera non-
» seulement la tranquillité, mais l'amour
» y répandra une douceur que le Stoï-
» cien ne connoît point. Celui-ci tou-
» jours occupé de lui-même ne pense
» qu'à se mettre à l'abri des maux. Pour
» celui-là il n'est plus de maux à crain-
» dre, soit qu'ils viennent de causes
» purement physiques, ou de la part
» des autres hommes.... Un destin in-
» flexible, des hommes insensés, voilà
» tout ce que voit le Stoïcien.... Le
» Chrétien envisage les choses bien dif-
» féremment. Le destin est une chimere.
» Un Être infiniment bon regle tout &
» a tout ordonné pour son plus grand
» bien. Il ne méprise point les hommes,
» pour s'empêcher de les haïr, il les
» respecte comme l'ouvrage de Dieu,
» & les aime comme ses freres......
» Quant aux biens que le stoïcisme &
» le christianisme promettent, comment
» pourroit-on les comparer ? L'un borne

» tous ces avantages à la vie préfente ;
» l'autre, outre tous ces mêmes avan-
» tages qu'il procure bien plus fure-
» ment, en fait efpérer d'autres devant
» lefquels ceux-ci ne font rien. . . .

    » Qu'on fe repréfente deux ifles, l'une
» remplie de parfaits Stoïciens, l'autre
» de parfaits Chrétiens. Dans l'une cha-
» que philofophe ignorant les douceurs
» de la confiance & de l'amitié, ne penfe
» qu'à fe féqueftrer des autres hommes.
» Il a calculé ce qu'il en pouvoit atten-
» dre, & a rompu tout commerce avec
» eux. Nouveau Diogene il fait confifter
» fa perfection à occuper un tonneau
» plus étroit que celui de fon voifin.
» Mais quelle harmonie vous trouverez
» dans l'autre ifle ! Des befoins qu'une
» vaine philofophie ne fauroit diffimuler,
» toujours fecourus par la juftice & la
» charité, ont lié tous les hommes les
» uns aux autres. Chacun heureux du
» Bonheur d'autrui, fe trouve heureux

» encore des secours que dans ses mal-
» heurs il lui prête.....

» Il est certain que le christianisme
» contient les vraies regles du Bonheur.
» Toutes les sectes qui ont fait de la
» recherche du Bonheur leur principale
» étude , ont manqué leur but. Les
» vraies regles pour y parvenir ont été
» données par des hommes simples &
» sans science. Donc un plus grand maî-
» tre que tous ces Philosophes avoit ré-
» vélé ces regles à ceux de qui nous
» les tenons ».

L'Auteur de *la Théorie des sentimens
agréables* , comme nous l'avons vu , s'exprime avec autant de force & encore
plus de précision. « La vie de tous les
» hommes, dit Bossuet , est une espé-
» rance continuelle.... Nous manquons
» de tant de choses, que nous serions
» toujours dans l'affliction, si Dieu ne
» nous avoit donné l'espérance comme
» pour charmer nos maux, & tempérer

Premier tom.
de Sermons
in-4°. 2ᵉ Ser-
mon pour le
Dimanche de
la Quinqua-
géfime.

S iv

» par quelque douceur l'amertume de
» cette vie. Cette vie que nous ne pof-
» fédons jamais que par diverfes par-
» celles qui nous échappent fans ceffe,
» fe nourrit & s'entretient d'efpérance....
» Puifque nous efpérons toujours, c'eft
» un figne très-manifefte que nous ne
» fommes pas dans le lieu où nous puif-
» fions poffér les chofes que nous fou-
» haitons. Partant dans ce bas monde, où
» perfonne ne jouit de rien, où on ne
» vit que d'efpérance, celui-là fera le
» plus heureux, qui aura l'efpérance la
» plus belle & la plus affurée. Heureux
» donc mille & mille fois les juftes &
» les gens de bien! ... Comparons à leurs
» efpérances les folles efpérances du
» monde. Les hommes acquierent avec
» plus de joie qu'ils ne poffedent. Par
» tout leur efpérance eft fruftrée ».

Le defir qui les tourmente fans ceffe
avant la poffeffion, eft incompatible
avec le repos de l'ame, avec le Bon-

heur ; la satiété qui suit de près la pos-
session, ravit jusqu'à l'espoir du Bonheur. Non ils ne le trouveront jamais,
ils ne trouveront jamais le repos de
l'esprit, la tranquillité de l'ame que dans
l'observance exacte de la loi de Dieu.
« La loi de Dieu établit l'esprit dans une
» certitude infaillible. Tous les doutes
» levés, toutes les erreurs dissipées par
» une autorité souveraine, plus inébran-
» lable que nos plus solides raisonne-
» mens, il faut que l'entendement ac-
» quiesce. De même la volonté ayant
» trouvé sa regle immuable qui retran-
» che ce qu'il y a de trop en ses mouve-
» mens, ne doit-elle pas rencontrer une
» consistence tranquille , une paix di-
» vine ? . . . Au lieu que l'inquiétude
» & la crainte se mêlent nécessairement
» dans les choses humaines. On ne sait
» si on fait bien ou mal. On fait bien
» pour établir sa fortune , on fait mal
» pour conserver sa santé , &c. mais

» dans la foumiffion à la loi de Dieu on
» fait abfolument bien fans limitation,
» parce qu'on fuit le fouverain bien. …
» Delà quel repos, quelle félicité pour
» l'homme de bien, pour le chrétien, régi
» par une raifon éternelle, gouverné par
» des principes divins ! Sa conduite ap-
» puyée fur la parole de Dieu eft plus
» ferme que le ciel & la terre. Plutôt
» tout le monde fera renverfé qu'il foit
» confondu dans fes efpérances ».

En un mot deux chofes nous rendent
heureux, fuivant faint Auguftin, pouvoir ce qu'on veut, vouloir ce qu'on
doit. *Poffe quod velit, velle quod oportet.*
« Le fecond eft encore plus néceffaire à
» la félicité que le premier. Ne pouvoir
» pas ce qu'on veut n'eft tout au plus
» qu'un pur malheur ; ne vouloir pas ce
» qu'on doit eft toujours une faute, &
» en cela même fans comparaifon un
» plus grand malheur. Sans cette volonté
» bien ordonnée, la puiffance eft fatale

L. 13. de
Trinit.

T. 2. Serm.
de Boffuet.
2ᵉ Serm. pour
le 4ᵉ Dim.
de Carême,

» à notre Bonheur, parce qu'elle eſt fu-
» neſte à notre vertu.... Admirons l'or-
» dre établi par la ſageſſe du Sauveur,
» en ce que la félicité étant compoſée de
» deux choſes, la bonne volonté & la
» puiſſance, il les donne l'une & l'autre
» à ſes ſerviteurs, mais chacune en ſon
» tems. Si nous voulons ce qu'il faut dans
» la vie préſente, nous pourrons tout ce
» que nous voudrons dans la vie future.
» Le premier eſt notre exercice, le ſe-
» cond ſera notre récompenſe ».

Quelqu'un ſoupçonnera-t-il de l'exagération dans des peintures ſi peu ſuſ-
pectes des avantages de la Religion, dans
des raiſonnemens auſſi ſimples que lumineux? Qu'il s'en rapporte du moins à
des autorités qui ne ſont pas récuſables,
à ceux qui en ont fait l'expérience. Cherchant invinciblement leur Bonheur,
comme tous les hommes, aſſurément ils
n'auroient pas préféré à tous les biens
de la terre, l'état d'un chrétien qui pré-

tend trouver tout en son Dieu, l'auteur de tout bien ; ils n'y perséféreroient pas jusqu'au dernier soupir, ils ne fouleroient pas aux pieds ce que le monde a de plus grand & de plus séduisant, si, selon la promesse divine, ils n'étoient pas dédommagés au centuple par la paix du cœur, par la satisfaction la plus douce, la plus complette, la plus durable: Aussi jamais un chrétien généreux ne s'est repenti d'avoir tout sacrifié à Dieu, ne s'est plaint que son service fût dur, ses promesses trompeuses, ses récompenses insuffisantes. Et les adorateurs du monde sont les plus éloquens sur le vuide & le faux de tous ses avantages, sur l'illusion de ses espérances, sur les soucis cruels & les remords dévorans cachés sous le charme perfide des voluptés & sous l'éclat éblouissant des honneurs & de la puissance.

Le grand exemple que la Providence vient de donner du sacrifice le plus hé-

roïque au milieu de la plus brillante
Cour de l'Univers, est plus éloquent que
tous les discours (1). Il rappelle tout ce
que les siècles passés ont offert en ce
genre de plus frappant, les premieres
personnes du monde, qui tant de fois
sont descendues du Trône, ou des degrés
du Trône, pour embraffer l'humiliation
& la pauvreté consacrées par l'exemple
de leur Dieu ; & qui loin d'accorder un
regard à ce qu'elles avoient quitté, ont
publié jusqu'au dernier soupir, que la
Religion, en les recevant dans son sein,
leur avoit fait connoître & goûter le Bonheur, dont jusques là elles n'avoient vu
que l'ombre & embraffé qu'un vain fantôme. Doutez-vous encore ? Il n'est plus
qu'un moyen de vous convaincre & de
vous perfuader pour jamais. Faites vous-
même l'épreuve de ce que nous difons.

____

(1) L'Auteur travailloit à ce Traité quand s'est paffé ce
grand événement qui ajoute tant de force aux raifonne-
mens qu'on emploie ici.

Jettez-vous entre les bras de la Religion : pratiquez-la en esprit & en vérité; & puisez dans cette source divine les joies pures qu'elle vous offre. Vous avouerez que loin d'avoir exagéré, nous sommes restés bien en-deçà de la vérité. Mais quoi ! direz-vous, l'homme foible & dépravé par sa nature, appesanti par le poids des chaînes de ses habitudes, entraîné par le torrent de l'exemple, pourra-t-il s'élever à cette perfection surhumaine ? Oui, l'homme, l'homme le plus foible & le plus corrompu, qui ne peut rien abandonné à lui-même, peut tout avec le secours céleste qui lui est offert.

Dans l'adversité vous êtes sans ressource, sans consolation, si celles de la Religion vous manquent. Assurez-vous les donc dans la prospérité, qui peut à chaque moment vous échapper. Pour toutes les afflictions vives, pour la perte de la fortune, de la santé, de la réputation, de la vie, les consolations humai-

nes n'ont point de force ; tous les hommes font des confolateurs à charge ;
parce qu'ils n'ont rien véritablement de
folide, ni d'équivalent à fubftituer à ce
qui nous eft ravi.

On peut bien, à l'exemple du Stoïque,
braver durant quelques momens tous les
revers, défier les hommes & la Nature :
mais c'eft un perfonnage forcé, qu'on
ne fçauroit foutenir. La douleur, la difgrace, que fais-je, la plus légere con-
tradiction va triompher de la conftance
d'un Philofophe, qui fe difoit, & peut-
être fe croyoit invulnérable. Car enfin ,
dès que la vûe de Dieu , dès que les principes de la Religion ne l'animent pas ,
ne la foutiennent pas, elle ne porte donc
que fur l'orgueil ; & quelle bafe que
l'orgueil ! La privation des biens naturels eft néceffairement dure & affligeante
pour la Nature, dès que vous ne recevez
rien en échange. Vous voyez confpirer
contre vous, vos femblables, les élémens,

je ne fçais quel deftin, que vous placez
follement fur le trône de la Providence,
& vous n'avez pour vous que votre
vertu. Elle me fuffit, dites-vous. Oui
fans doute la vertu fuffit. Mais quelle
vertu ? la vertu chrétienne, la feule
digne de ce nom à la rigueur. La vertu
féparée de fon principe & de fa fin, de
fa force & de fon modèle, de fon efpérance & de fa récompenfe, qui eft Dieu
même, qu'elle eft foible, qu'elle eft
défectueufe ! Ce n'eft plus que le fimulacre de la vertu. Vainement vous vous
flatteriez de fortir victorieux avec elle
des combats que vous avez continuellement à livrer.

Mais ce qui vous eft impoffible, devient aifé pour le Chrétien fortifié des
armes que la Religion lui met en main.
Il lui fuffit de connoître le principe &
le falaire des privations & de l'adverfité,
pour les fupporter patiemment, & même
pour s'en réjouir. Rien n'arrive que par

l'ordre

l'ordre de l'Auteur & du modérateur de
l'Univers, il se soumet avec respect ; du
père tendre de tous les hommes, il fait
sa volonté avec une confiance pleine
d'amour ; du rémunérateur magnifique
de tous ceux qui souffrent pour lui, il
cesse de souffrir, il espère, il est consolé,
il tressaille de joie. Et qu'a-t-il à regretter ? des biens grossiers & corrupteurs,
trop au-dessous de lui & de ses destinées,
d'ailleurs près de lui échapper : & son
Dieu l'assure qu'il va le dédommager
en Dieu. Des hommes faux & injustes,
presque toujours trompeurs & trompés,
l'ont condamné ; & la vérité, la justice
même l'a justifié. La santé s'altère, le
corps se consume, la mort approche : son
ame, cette ame céleste va donc briser
ses liens, sortir d'une terre frappée de
malédiction, pour se réunir à jamais à
l'Être suprême, la source & l'auteur de
tout bien, qui l'a faite pour lui, & qui
seul est digne d'elle.

T

Heureux mortels ! heureux mille fois qui pénétrés de ces vérités si intéressantes, de ces vérités capitales, avez le courage, dans un siècle où la Religion est insultée, & l'impiété triomphe, de suivre, sans vous en écarter jamais, l'unique route qui conduit au Bonheur. Heureux moi-même, si je fais faire usage des conseils que je viens de donner !

F I N.

APPROBATION.

J'ai lû, par ordre de Monseigneur le Garde des Sceaux, un Manuscrit qui a pour titre : *Essai sur le Bonheur.* A Paris, ce trente-un Décembre mil sept cent soixante - seize.

PIDANSAT DE MAIROBERT.

ERRATA.

Page 100, ligne 5, Ménandre, *effacez ce mot. Page 119, ligne 20, ajoutez* basse.